자유나라
평등나라

자유나라
평등나라

자유와 평등을 생각하기 위한
청소년 철학소설

오가와 히토시 지음
서슬기 옮김

바다출판사

미라이와 히나토에게

《자유나라 평등나라》를 구상하기 시작했을 무렵부터 이 소설이 한국에서 출간되기를 바랐습니다. 한국도 소설 속 내용과 마찬가지로 같은 민족인 북한과 분단되어 있고 여전히 대치하고 있는 중이기 때문입니다.

한국은 자본주의 국가로 발전하여 지금은 대표적인 '자유나라'라고 해도 과언이 아닙니다. 반면 북한은 이제는 몇 안 되는 사회주의 국가이니 '평등나라'를 대표한다고 볼 수 있고요. 하지만 북한의 평등은 권력이 삼대째 세습되는 바람에 안타깝게도 강제성을 동반하게 되었습니다.

이런 점에서 두 나라는 제가 소설의 모티프로 삼은 자유나라와 평등나라의 모델이라고 할 수 있습니다. 실제로 소설 속에서 두 나라 사이를 갈라놓는 두꺼운 철벽은 2차 세계대전 이후

독일을 서와 동으로 나누었던 베를린 장벽과 같으며, 동시에 한국과 북한의 경계선인 삼팔선을 의식한 것이기도 합니다.

같은 민족임에도 불구하고 정치적 이념이 달라서 아니, 역사의 단추가 잘못 끼워지는 바람에 자유롭게 오가지 못하는 관계가 된 것은 매우 애석한 일입니다. 게다가 이런 상황을 만들어 낸 간접적인 원인이 2차 세계대전 전의 일본에게도 있고요. 역사에 '만약'이란 없지만, 만약 일본이 조선을 침략하고 통치하지 않았더라면 전쟁이 끝난 후에 한반도가 남북으로 갈리는 일은 없었을지도 모릅니다.

한국에 소중한 친구가 몇 명 있습니다. 그들을 만날 때마다 일본인으로서 한반도를 위해 할 수 있는 일은 없을지 생각하게 됩니다. 그것이 일본인으로서의 책임이고, 같은 지구에 살고 있는 친구로서의 책임이라고 생각하기 때문입니다. 하지만 평범한 철학자인 제가 할 수 있는 일은 좀처럼 없었습니다.

그러던 어느 날, 이 소설을 쓸 기회를 만났습니다. 출판사는 제게 전 세계적으로 심각해지고 있는 빈부 격차를 염두에 두고 '자유와 평등'이라는 주제로 글을 써 달라고 제안했습니다. 그 순간 제 머릿속에는 아직도 정치적인 이유로 분단 중인 몇몇 자유나라와 평등나라가 떠올랐습니다. 그리고 책을 씀으로써 한국을 위해 무언가 할 수 있지 않을까 하는 생각이 들기 시작했습니다. 한국 사람도 북한 사람도 단순히 정치적인 이유 때문이 아니라 마음 저 깊은 곳으로부터 통일을 바랄 거라고 생각합니다. 누가 뭐래도 같은 민족이니까요.

이 책을 읽어 줄 한국의 누군가가, 특히 아이들이 '꿈의 나라'를 만든다는 것에서 의의를 발견하고, 그 결과로 조금이라도 세상이 바뀐다면 상상 이상으로 기쁠 것입니다. 아니, 한국과 북한뿐만 아니라 한반도와 일본도 함께 '꿈'을 엮어 갈 수 있기를 바랍니다. 우리는 같은 인간인 이상 서로 도우며 살아갈 운명이니까요.

2015년 6월 22일

한일국교정상화 50주년 기념일에

오가와 히토시

● 차례 ●

하늘은 하나

해님과 달님

길 잃은 이가

뒤집혀

겹쳐질 때

영원히 빛나리

- 꿈의 나라 민요

● 등장인물 소개 ●

벨

자유나라의 소녀.
호기심 왕성하고 천방지축인 열다섯 살.

쿠

평등나라의 소녀.
어른스럽고 책을 좋아하는 열다섯 살.

제이

자유나라의 현자.
그의 나이는 아무도 모른다.

마

쿠의 할머니.

렌

자유나라의 소년.

로스

쿠가 기르는 고양이.
사람 말을 알아듣는 특별한 재주가 있다.

국경선

해가 질 무렵, 작은 모닥불이 밝게 타오르면 아이들은 언제나 처럼 한 할아버지 주변에 모여 이야기를 듣는다. 조용히. 가만 히 앉아서.

아이들은 모두 마을 할아버지의 이야기를 좋아한다. 할아버 지가 다 낡은 책을 한 손에 들고 신비로운 이야기를 들려주는 이 시간에는 저녁을 먹다 말고 뛰어나오는 아이들도 있다.

모여든 아이들의 얼굴을 하나하나 바라보고 미소 지으며 할 아버지는 조용히 이야기를 시작한다.

"다들 꿈의 나라가 어떻게 만들어졌는지 알고 있니?"

아이들이 고개를 갸웃거린다.

"그래, 그럼 오늘은 그 이야기를 해 볼까."

할아버지는 이렇게 말하면서 낡은 책을 집어 들었다.

"너희가 태어나기 전, 아주아주 오래된 이야기란다."

* * *

세계를 정확히 둘로 나누고 있는 철벽은 두 나라의 중심으로부터 조금 떨어진 곳에 있다. 그곳에는 아름다운 초원이 끝없이 펼쳐져 있지만, 철벽은 폭력적일 정도로 차갑고 높게 솟아 있다. 마치 지구를 칼로 둘로 갈랐을 때 그대로 시간이 멈춰 버린 것처럼.

그 옛날, 이 세상에는 서로 이웃하고 있는 두 나라가 있었다. 자유나라와 평등나라. 자유나라는 자유야말로 행복이라고 믿으며 자유만을 추구했다. 평등나라는 평등이야말로 행복이라고 생각하며 평등만을 추구했다.

두 나라는 서로가 서로에게 영향을 끼치지 않을까 걱정하여 철벽으로 국경선을 만들고 사람들이 오가지 못하게 했다.

자유나라의 사람들은 자유를 사랑했다. 그래서 평등 따위에는 전혀 관심이 없었다. 그들은 가게에서 "한 사람당 하나씩 가져가세요"라는 말을 들으면 "법률 위반이야!"라고 화내기 일쑤다. 그런데 벨이라는 소녀만은 왕성한 호기심으로 평등나라에 관심을 갖고 있었다. 벨은 뭐든지 알고 있는 제이 할아버지 댁에 자주 놀러가서 평등나라에 대한 이야기를 듣곤 했다. 아무

튼 평등나라 이야기는 제이 할아버지 말고는 아무도 몰랐다.

한편 평등나라의 사람들은 평등을 매우 좋아했다. 자유란 고통만 낳을 뿐이라고 믿었다. 가게에 "자유롭게 가져가세요"라고 쓰여 있으면, 그거야말로 평등법 위반으로 고소를 당할 정도다. 그만큼 깐깐하게 평등을 지켰다. 말하자면 자유를 추구할 자유도 없는 것이다. 때문에 이 나라에는 자유에 관심 있는 사람이 한 사람도 없었다.

평등나라의 소녀 쿠도 그런 사람들 중 하나다. 자유나라에는 아무 관심도 없는 얌전한 성격으로, 할머니 마 그리고 고양이 로스와 함께 조용히 살고 있었다. 쿠는 책을 무지 좋아했다. 책뿐만 아니라 글자가 쓰여 있는 걸 보면 그게 무엇이든 빨아들이듯 읽어 버리는 습관이 있었다.

어느 날, 벨은 제이 할아버지로부터 평등나라에 축제가 있다는 이야기를 들었다. 자유나라의 호기심 왕성한 소녀 벨은 국경선 너머로 몰래 평등나라의 축제를 보고 싶어서 견딜 수가 없었다. 보통 그 나라에서는 평등나라의 축제에 아무도 관심이 없었다. 게다가 국경선 근처에서 축제의 풍경이 보일지 어떨지도 알 수 없었다. 하지만 벨은 한번 하겠다고 마음먹으면 더 이상 스스로를 멈출 수 없었다.

벨에게는 대수롭지 않은 무용담이 있다. 어느 날 93미터나 되는 자유의 탑 꼭대기에 올라가고 싶다고 하더니, 아무리 말려도 듣지도 않고 몰래 집을 빠져나왔다. 그 탑은 자유나라의 역사적인 건조물인데, 나무로 된 낡은 사다리로만 올라갈 수 있었다. 때문에 아무도 탑에 올라가지 못했다. 그런데 어린 소녀 벨이 탑 꼭대기까지 올라간 것이다. 이 일로 벨은 마을에서 유명해졌다.

그런 벨이 국경선으로 향하던 바로 그날, 평등나라의 소녀 쿠는 고양이 로스와 축제를 보러 광장에 와 있었다. 먹을거리를 파는 가게, 모자를 파는 가게, 장난감을 파는 가게…… 광장에는 많은 가게가 늘어서 있었다. 어느 가게 앞이든 손님들이 줄지어 서서 느긋하게 시간을 보냈다.

평등나라에서는 휴일이나 점심시간에 자주 볼 수 있는 한가로운 풍경이었다. 악착같이 일하는 사람, 안절부절못하는 사람, 차례를 지키지 않는 사람은 한 명도 없다. 사람들의 그런 차분한 모습을 보고 있노라면 쿠는 마음이 편안해졌다.

광장 한가운데에서는 기타와 피리의 발랄한 연주에 맞춰 공연이 펼쳐졌다. 알록달록하고 헐렁한 옷을 입고 빨간 코를 붙인 피에로가 재주 좋게 공 위에서 춤추고 있었다. 피에로는 가끔 일부러 넘어져서 사람들의 웃음을 이끌어 냈다. 쿠도 어느새 공연에 푹 빠져들었다.

"재미있다. 그치, 로스?"

쿠는 발밑에 있는 고양이 로스에게 말을 걸었다. 그런데 로스
가 보이지 않았다. 온몸의 털이 새하얀 고양이라 눈밭이 아닌
한에서는 바로 눈에 띄는데 말이다.

"로스, 로스! 어디 있어?"

쿠는 주위를 두리번거리며 로스의 이름을 몇 번이고 불렀지
만 보이지 않았다. 평소라면 별일 없었다는 듯 불쑥 고개를 내
밀었을 텐데……. 아무래도 쿠가 공연에 빠져 있는 사이에 로

스를 잃어버린 것 같았다.

쿠는 당황하여 로스를 찾기 시작했다. 일단 광장을 뒤지고 있는데 그때 로스와 비슷한 고양이의 뒷모습을 본 듯했다. 고양이는 숲으로 이어진 길 쪽으로 달려가고 있었다. 로스가 아닐 수도 있지만 혹시나 하는 마음에 쿠도 숲 쪽으로 갔다.

삼십 분 정도 걸었을까? 쿠는 문득 정신을 차려 보니 숲을 지나 국경선 근처까지 와 있었다. 평소에는 아무도 그곳에 가까이 오지 않는다. 로스의 이름을 부르면서 쿠는 불안한 마음으로 걸음을 옮겼다. 그때 국경선의 높은 벽 너머에서 사람 목소리가 들려왔다! 자유나라의 누군가가 바로 옆에 있는 것 같았다.

쿠는 자유나라의 사람과는 만난 적이 없기 때문에 순간적으로 심장이 멈추는 것 같았다. 귀 기울여 보니 여자의 노랫소리 같았다. 그런데 놀랍게도 그 노래는 쿠도 잘 알고 있는 평등나라의 민요였다.

벽 너머 저편에서 노래를 부른 사람은 바로 벨이었다. 벨은 두 나라를 가로막는 철벽에 구멍이 난 데는 없는지 살펴보면서 콧노래를 부르고 있었다. 물론 벨이 부른 노래는 자유나라에서 불리는 노래다. 하지만 신기하게도 평등나라에도 그와 똑같은 노래가 있었다.

쿠는 자기도 모르게 그 노랫소리를 따라 흥얼거렸다. 어릴 때부터 늘 그 노래를 부르는 습관이 있었기 때문이다.

쿠가 흥얼거리는 소리에 벨도 깜짝 놀랐다. 벽 너머에 누군가가 있다면 당연히 평등나라 사람일 텐데 그 사람이 자신과 같은 노래를 부르고 있는 것이다. 두근대는 심장을 진정시키며 벨은 노래를 이어 갔다. 미지의 무언가와 이어져 있는 실을 조심조심 감듯이.

쿠도 소리가 들려오는 쪽을 향해 계속 노래했다. 마치 누군가가 자신의 몸을 조종하는 것처럼 노래를 멈출 수 없었다. 그리고 드디어 벽에 다다랐다. 두 사람은 벽을 사이에 두고 마주 섰다.

하늘은 하나
해님과 달님
길 잃은 이가
뒤집혀
겹쳐질 때
영원히 빛나리

하늘은 하나
해님과 달님
길 잃은 이가

뒤집혀

겹쳐질 때

영원히 빛나리

감미로운 선율에 실린 이 아름다운 시가 주변에 울려 퍼졌다. 벨이 부르는 노래의 후렴구 멜로디와 쿠가 부르는 노래의 후렴구 멜로디가 조금 달라 오히려 더 멋지게 화음을 이루었다.

그 순간이었다. 신기한 일이 벌어졌다. 두 사람 눈앞의 벽에 구멍이 생기기 시작한 것이다. 마치 아이스크림 녹듯이 벽은 점점 녹아내려 어린아이가 들어갈 수 있을 만한 크기가 되었다. 구멍은 이윽고 두 사람의 허리 부근까지 커졌고 그 너머로 건너편 사람의 배 부분이 보였다.

"너, 평등나라 사람이야?"

벨이 먼저 입을 열었다.

"아, 네. 당신은……."

당황한 쿠가 대답하자, 벨은 구멍으로 얼굴을 쑥 내밀었다.

"으악."

쿠는 깜짝 놀랐다.

"헉."

얼굴을 내민 벨도 깜짝 놀랐다. 그럴 수밖에 없었다. 두 사람의 얼굴이 쌍둥이처럼 똑 닮았기 때문이다. 검고 맑은 눈동자,

단정한 코, 작은 입술. 검은 생머리까지 똑같았다. 다른 점이 있다면 머리 스타일과 옷 정도였다. 벨은 하나로 묶은 머리에 원피스를 입었고, 쿠는 양 갈래로 땋은 머리에 작업복 느낌의 원피스를 입었다. 아무래도 키까지 똑같은 것 같았다.

"몇 살이야?"

벨은 구멍을 통과해서 평등나라로 들어왔다. 그리고 자신과 똑같이 생긴 쿠를 뚫어져라 쳐다보며 확인한 후 물었다.

"……열다섯 살."

쿠가 작은 목소리로 대답했다.

"오, 나돈데. 난 벨이야."

"나는 쿠야."

그때 쿠의 발밑에서 '야옹' 하고 고양이 울음소리가 들렸다.

"로스?"

로스가 먼저 쿠를 찾은 듯했다. 쿠가 로스를 들어 안았다.

"어디 갔었어? 엄청 찾았잖아."

울음을 터뜨릴 듯한 쿠의 얼굴을 로스는 미안하다는 듯이 핥았다.

"아, 너 고양이 찾고 있었구나."

"오늘 축제날이라 같이 나왔는데 어느 순간 안 보이더라고. 너는?"

"나는 평등나라 축제가 보고 싶어서 몰래 볼 수 있는 장소를

찾고 있었어."

"그건 불가능해. 마을은 여기서 숲을 지나가야 나오거든."

"그렇구나……."

벨은 아쉽다는 표정을 짓다가 갑자기 생각났다는 듯이 이렇게 말을 꺼냈다.

"저기, 잠깐만 나랑 바꿔치기하지 않을래?"

너무 갑작스럽고 대담한 제안에 쿠는 할 말을 잃었다.

"너랑 나랑 똑같이 생겼으니까 우리가 서로 바뀌어도 아무도 모를 거야. 그래서 서로의 나라에 가 보는 거야. 난 예전부터 평등나라가 무척 궁금했거든."

그제야 무슨 말인지 이해한 쿠는 곤란한 표정을 지었다.

"그건 너무 위험해. 나는 자유나라에 관심도 없고……."

"계속 바꾸자는 게 아니야. 그래, 사흘 동안만. 오늘은 벌써 점심이니까 모레 해가 뜨기 전에 여기로 오면 되잖아. 실제로는 내일 하루만 바꿔 지내 보는 거지. 괜찮다니까. 부탁이야. 너희 나라 학교도 지금 여름방학이지?"

벨이 손을 꼭 잡고 부탁하자 쿠의 마음이 흔들렸다.

"저, 정말로 모레 해 뜨기 전에 오는 거지?"

"당연하지. 그렇지 않으면 나도 곤란해."

"로스는 내가 데려가도 돼?"

"그럼!"

"모레 아침까지야. 꼭."

쿠는 결국 벨의 부탁을 들어주기로 했다.

로스는 설레는 표정으로 참을 수 없다는 듯 쿠의 품에서 뛰어내렸다. 그 모습이 꼭 모든 것을 알고 있는 것처럼 보였다.

두 사람은 만약을 대비하여 옷을 바꿔 입고, 지도를 그려 집 주소를 알려 주고, 서로의 나라에 가 보게 되었다. 쿠의 말에 따르면 평등나라 사람들은 모두 같은 색의 국민복을 입는다고 했다. 베이지색의 수수한 작업복 같은 옷이다. 벨이 입고 있는 옷은 쿠는 본 적도 없는 분홍색 원피스였기 때문에 눈에 띄지 않도록 옷을 바꿔 입기로 한 것이다. 물론 자유나라에는 지정된 옷이 없다. 다들 좋아하는 옷을 입는다.

"쿠, 일단은 제이 할아버지를 찾아가. 새하얀 긴 머리에 긴 수염을 보면 한 번에 알 수 있을 거야. 뭐든지 알고 계시니까 할아버지라면 널 도와주실 거야."

"제이 할아버지란 말이지? 알았어. 너는 일단 우리 집으로 가서 사정을 설명해 줘. 난 할머니랑 둘이 살고 있어서 걱정 끼치면 안 되거든."

"알았어."

벨은 윙크를 하고 숲 쪽으로 달려갔다. 쿠는 어쩔 수 없이 로스와 함께 구멍을 통과한 후 쏜살같이 숲을 벗어나 자유나라의 마을을 향해 달렸다.

때마침 정오. 철벽 바로 위에 뜬 해는 반짝이며 두 나라를 반 반씩 비추었다. 마치 무언가 큰 사건의 시작을 예고라도 하는 것처럼.

1장
자유나라

쿠는 키가 큰 나무들로 뒤덮인 숲속을 걸어가고 있었다. 한낮이라 그렇게 무섭지도 않았고 일단 길 같은 곳을 쭉 따라가기만 하면 되었다. 재미있게도 걸어갈수록 주변 풍경이 바뀌었다. 나무들의 키는 점점 작아졌다.

큰 나무가 작은 나무로, 그리고 초원으로 바뀌더니 마침내 풍경은 풀 한 포기 없는 사막으로 바뀌었다. 그렇게 삼십 분 정도 걸어가자 앞에 갑자기 번쩍거리는 유리 같은 건물들이 한가득 나타났다. 사막 한가운데에 선 신기루 같았다. 아무래도 이곳이 자유나라의 마을인 듯했다.

조심조심 마을에 발을 들여놓자 먼저 눈에 들어온 것은 거리를 지나다니는 사람들의 화려한 패션이었다. 평등나라에서는 모두 같은 색의 국민복을 입기 때문에 사람들이 이렇게 가지각

색의 좋아하는 옷을 입고 돌아다니는 것을 본 적이 없었다. 새빨간 원피스에 금으로 된 액세서리, 황금빛 양복에 은색 가방, 반려동물에게 옷을 입힌 사람도 있다. 전부 다 처음 보는 복장이었다. 사람들이 입은 예쁜 색깔의 옷이 건물 유리에 비치자 쿠는 보석함 속에 던져진 듯한 기분에 휩싸였다.

평등나라와는 달리 도로도 깨끗하게 포장되어 있고, 무엇보다 그 위를 달리는 자동차도 색달랐다. 평등나라에서는 자동차도 용도에 따라 몇 가지 종류가 있을 뿐이고, 그마저도 상자에 타이어를 달아 놓은 단순한 디자인에 색깔도 수수했다. 그런데 자유나라의 차들은 전부 우주에서 온 건가 싶을 정도로 모양도 이상하고 색도 산뜻했다. 신호에 걸려 잠시 멈춘 보라색 뱀처럼 생긴 차를 빤히 바라보던 쿠는 운전석에 앉은 사람과 눈이 마주쳤다. 쿠는 왠지 부끄러워져서 달리기 시작했다.

그 순간 갑자기 앞에 나타난 남자와 쿵 부딪혔다. 그 사람은 휘청했지만 어른이라 다행히 넘어지지는 않았다.

"죄송합니다."

쿠는 당황하여 사과했지만 갑자기 나타난 건 남자 쪽이었다. 자세히 보니 차림이 꽤 허름했다. 쿠는 갑자기 무서워져서 상대가 뭐라고 말하기도 전에 빠른 걸음으로 그 자리를 떠났다.

화려한 차림의 사람들에게 눈길을 빼앗겨 모르고 있었는데, 깨끗한 건물에는 정말이지 어울리지 않는 허름한 옷을 입은 사

람들도 꽤 있었다. 아마도 거지들일 것이다. 평등나라에는 거지
가 없지만 연극에서 본 적이 있었다.

"한 푼만 줍쇼."

거지는 부자처럼 보이는 행인에게 구걸을 하고 있었다. 그러
자 그들은 얼굴도 보지 않고 거지가 내민 빈 깡통에 돈을 던졌
다. 거지들 중에는 아이들도 있었다.

쿠는 처음 보는 광경에 놀람을 감추지 못했다. 게다가 가끔
씩 바람이 불 때마다 저도 모르게 숨을 멈출 정도로 악취가 코
를 찔렀다. 그럴 때 부자처럼 보이는 사람들은 대놓고 거지들
을 손가락질하며 "저 더러운 사람들 냄새야"라고 말하고 경멸
하는 시선을 보냈다.

자유나라에서는 사람들이 자유롭게 생활하는 반면, 가난한
사람과 부자인 사람의 경제적 차이가 심해서 가난한 사람들을
차별하는 데도 거리낌이 없어 보였다.

쿠는 하루 빨리 평등나라로 돌아가고 싶었지만 지금으로서
는 어쩔 수가 없었다. 일단 벨이 말해 준 대로 사람들에게 주소
를 물어 가며 현자 제이 할아버지를 찾아갔다.

얼마쯤 지나 마을의 큰 거리를 빠져나왔을 즈음 고깔모자 모
양의 빨간 지붕을 인 집이 보였다. 특징이 있는 집이라 금세 눈
에 띄었다. 벨이 알려 준 제이 할아버지의 집이다.

"계세요?"

그러자 바로 문이 열리고 할아버지 한 분이 나왔다. 새하얀 긴 머리와 긴 수염. 제이 할아버지가 틀림없다.

"아, 벨이구나. 그래, 평등나라 축제는 잘 보았니? 높은 벽 때문에 안 보였지? 자, 들어오너라. 그 고양이는 주운 거냐?"

아무래도 제이 할아버지는 벨과 똑같이 생긴 쿠를 벨이라고 생각한 듯하다.

"저…… 저는 벨이 아니에요. 쿠라고 해요. 사실은……."

방에 들어서자마자 쿠는 서둘러 말을 꺼냈다. 제이 할아버지에게만은 두 사람이 서로 바꿔치기한 사실을 말하기로 했기 때문이다. 우연히 국경 근처에 가게 되어 거기서 벨을 만난 일, 노래를 부르자 갑자기 벽에 구멍이 생긴 일, 사흘 동안만 상대의 나라에 가 보기로 한 일을 단숨에 털어놓았다. 한꺼번에 몰아서 이야기하느라 숨이 찼다.

"그런 말도 안 되는 일이…….."

그간의 일을 들은 제이 할아버지는 상상 이상으로 놀라워했다. 마치 무언가를 두려워하는 것처럼 보였다.

"제이 할아버지, 저 렌이에요."

그 순간 밖에서 명랑한 목소리가 들려왔다.

"오냐, 지금 문 연다."

제이 할아버지 집에 렌이 놀러 온 것이다. 햇빛에 적당히 탄 얼굴, 말랐지만 건강해 보이는 몸, 깊고 맑아 보이는 눈, 느낌이 좋은 아이였다. 적어도 쿠에게는 그렇게 보였다. 벨의 친구인 듯하다.

"뭐야, 벨도 여기 있었네."

쿠는 뭐라고 대답해야 좋을지 순간 망설였다. 그러자 제이 할아버지가 곧바로 이렇게 말했다.

"괜찮아. 렌은 너를 도와줄 거다."

쿠는 제이 할아버지의 말을 믿고 솔직히 이야기하기로 했다.

"……나는 쿠야."

"뭐? 쿠?"

아무 말 없는 렌에게 쿠는 무슨 일이 있었는지를 설명했다. 이번에는 조금 침착하게.

"아무튼 그런 거라면 어쩔 수 없구나. 마침 지금은 학교도 쉬는 때고, 벨과 나는 친척이니까 이틀 정도라면 우리 집에 머무는 게 어떻겠니? 안 그랬다간 금방 들켜서 큰일 날 게다. 벨의 부모님이 도깨비 얼굴을 하고 또 벨을 찾으러 평등나라로 갈지도 모르지."

제이 할아버지는 조금 곤란하다는 듯이 말했다.

"또…… 라고요?"

쿠는 제이 할아버지의 말이 조금 신경 쓰였지만 할아버지는 상관하지 않고 밖으로 나갔다. 한시라도 빨리 근처에 있는 벨의 집에 이야기를 하기 위해서였다. 제이 할아버지는 벨과 렌을 함께 지내게 하면서 여름방학 숙제를 시키기로 했다고 적당히 둘러댄 듯했다. 이렇게 쿠는 무사히 자유나라에 숨어들 수 있었다.

"내가 우리 마을을 안내해 줄게."

렌이 말했다. 쿠는 자유나라에 크게 흥미가 있는 것은 아니었지만 특별히 할 일도 없으니 마을을 구경하기로 했다. 조금 전에는 빠른 걸음으로 제이 할아버지의 집을 찾느라 화려한 건물과 거지 이외에는 아무것도 보지 못했다. 그 두 가지는 매우 대조적이었다.

"렌, 하나만 물어봐도 돼?"

큰길로 나오자 쿠는 기다렸다는 듯 렌에게 궁금한 점을 물어보았다.

"왜 저렇게 거지들이 많은 거야?"

"그건 자유나라가 경쟁 사회이고 빈부 격차가 엄청 큰 데다가 일하지 않을 자유가 있기 때문이야. 하지만 그렇다고 해서 도와주는 사람은 아무도 없어."

"그럼 어떻게 살아?"

"나라 자체는 부자니까 주변의 쓰레기통을 뒤지면 그래도 먹을 만한 게 없지는 않은 거야."

"나라는 아무것도 안 해 줘?"

쿠는 놀란 표정을 물었다.

"나라는 자유를 존중하니까. 최소한만 신경 써. 만약 가난한 사람들을 도우려면 모두에게 돈을 걷어서 나눠야 하는 거잖아? 자유나라는 그런 걸 싫어해."

"그러니까 세금을 걷지 않는다는 말이야?"

"세금? 아! 학교에서 배운 적 있어. 그게 모든 국민에게 돈을 조금씩 걷어서 나라 전체를 위해 쓰는 제도 맞지? 이 나라에는 그런 거 없어."

"하지만 병원이나 학교에는 필요하잖아? 우리나라에서는 모두가 사용하는 시설은 세금으로 만드는데."

쿠는 놀라서 물었다.

"그건 복권으로 만들고 있어."

"복권?"

"응. 복권으로 꽤 많은 돈을 모을 수 있어. 게다가 복권을 살 때는 다들, 누가 시키지 않아도 돈을 내거든."

"뭐랄까, 불안정해 보여."

"아무래도 그렇지. 그러니까 꼭 필요할 때는 다들 돈을 모으기도 해."

"그건 세금이랑 어떻게 다른데?"

"강제로 내야 하는 게 아니라 여럿이서 계약을 하는 거니까 내고 싶지 않으면 내지 않아도 돼. 그 대신 돈을 내지 않은 사람은 서비스를 받을 수 없어."

"아까 본 거지처럼 되는 거구나."

"그렇지. 이 방법은 기본적으로 모두가 필요하다고 생각하는 것만 만들 수 있으니까 쓸데없는 낭비가 없어서 좋아."

"쓸데없는 거라니?"

"옛날에 몇몇 사람들이 공영 극장이 필요하다고 했지만 결국 만들지 못했어."

"극장은 필요한 거야."

극장을 좋아하는 쿠는 이해할 수 없었다. 평등나라에는 극장이 많았다.

"영화를 좋아하는 사람들을 위해 모두가 돈을 모아서 극장을 유지하는 건 바보 같은 짓이야. 그걸 좋아하는 사람들끼리 돈을 모아서 만들면 되지. 뭐, 관람료는 비싸지겠지만."

"그럼 돈이 없는 사람들은 연극을 못 보는 거잖아."

"그건 그렇지⋯⋯."

렌은 말을 우물거렸다. 사실 렌도 극장에 가 본 적이 없었다. 자유나라에서는 부유한 형편이 아니었기 때문이다.

두 사람은 수많은 빌딩이 우뚝 솟은 시내 중심가에 있는 작은 공원에 도착했다. 공원에는 연못이 있는데, 마치 빌딩 골짜기에서 뿜어져 나오는 샘 같았다. 연못 주위에는 연못을 에워싸듯 벤치가 네 개 놓여 있었다.

연못 수면에는 빌딩이 비쳤다. 그중에서도 가장 높은 자유의 탑은 연못 중앙을 꿰뚫을 것처럼 보였는데, 그 위엄 있는 모습이 한들한들 흔들렸다. 쿠는 어째서인지 먼 옛날 어디선가 그 모습을 본 것 같은 이상한 기분에 사로잡혔다. 하지만 그럴 리가 없으니 렌에게는 아무 말도 하지 않았다.

세 개의 벤치에는 사람들이 앉아 각자 휴식을 취하고 있었다. 고급스러워 보이는 양복을 입은 회사원, 누워서 졸고 있는 거지, 아기를 안고 있는 남자와 그 일행으로 보이는 다른 남자. 렌

과 쿠는 하나 남은 벤치에 앉았다. 렌은 쿠의 얼굴을 지그시 쳐다보았다.

"내 얼굴에 뭐 묻었어?"

갑자기 부끄러워진 쿠는 얼굴을 살짝 붉히며 물었다.

"아니, 너 정말 벨이랑 똑같다. 쌍둥이 같아."

"아, 그거. 응…….."

쿠는 렌이 다른 뜻이 있어서 자신을 찬찬히 쳐다본 거라고 착각했다. 렌도 그런 분위기를 읽었는지 어색하게 이야기를 다른 곳으로 돌렸다.

"여기 좋지? 사막의 오아시스 같은 곳이랄까. 그런데 어때? 자유나라의 인상은?"

렌은 눈앞의 작은 연못을 바라보며 만족스러운 말투로 물었다. 대답은 듣지 않아도 알겠다는 듯이.

"나…… 세상에 대해 아무것도 몰랐던 게 아닐까 싶어."

빌딩 골짜기 사이에서 높은 하늘을 바라보며 쿠는 가라앉은 목소리로 중얼거렸다.

"어? 아니야. 나야말로 정말 아무것도 모르는 것 같은데."

렌은 갑자기 표정이 어두워진 쿠를 달래려는 듯 말했다. 조금 당황한 것 같았다.

"너 나 배려해 주는 거구나?"

"그, 그게 아니라 진짜 그렇게 생각해."

렌은 본심을 들킨 사람처럼 허둥대며 답했다.

"그건 그렇고 자유나라는 불친절한 것 같아."

쿠는 분위기를 정리하려는 듯 말했다.

"아예 아무것도 안 하는 건 아니야."

"그럼 나라는 뭘 해 주는데?"

"자유나라의 국가 조직은 세 개뿐이야. 하나는 군대. 자유나라를 공격하는 다른 나라로부터 스스로를 지켜야 하니까. 어쩌면 평등나라에서 공격해 올 거라고 생각하는지도 모르지."

'앗' 하고 고개를 드는 쿠에게 렌은 힘주어 말했다.

"물론 그런 일이 있으면 내가 막을게. 내 친구의 나라를 공격하지 말라고 말이야."

쿠는 조금 안심한 표정을 지었다.

"두 번째는?"

"두 번째는 경찰. 어느 나라든 나쁜 짓을 하는 사람들은 있잖아. 아무리 자유가 중요하다고 해도 다른 사람에게 상처 입히거나 도둑질을 하는 것까지 자유는 아니야. 그건 다른 사람의 자유를 빼앗는 짓이지. 그럴 때는 경찰이 나서서 막아. 세 번째는 법원. 싸움이 일어났을 때 중립적인 입장에서 판단하는 사람이 없으면 정리가 되지 않으니까. 그만 일어날까? 지금부터는 시장을 안내해 줄게."

렌은 쓱 일어나서 쿠를 시장으로 데리고 갔다.

자유나라의 시장은 활기로 흘러넘쳤다. 가게 안에서 들려오는 음악 소리도 평소 평등나라에서 듣던 조용한 곡과는 다르게 심장에까지 울려 퍼질 만큼 크고 박자도 빠른 댄스음악이었다. 이 나라의 흥청거리는 활기는 평등나라의 소박한 그것과는 전혀 달랐다. 뭐든지 화려했다.

가게에는 한 번도 본 적 없는 크고 먹음직스러운 케이크가 산처럼 쌓여 있고, 반짝반짝 빛을 발하는 옷들이 가득했다. 음식과 옷뿐만 아니라 이상한 것도 팔고 있었다. 예를 들어 '사랑'을 파는 가게도 있었다.

"저기, 렌. '사랑가게'라는 데는 대체 뭘 파는 거니?"

"말 그대로 사랑을 파는 데야. 이 나라에는 경쟁에 지치고 사랑에 굶주린 사람들이 많거든. 자기 형제자매도 라이벌이라고 생각할 정도라니까. 잠깐 들어가 볼래?"

이렇게 말한 렌은 쿠를 사랑가게 안으로 데리고 들어갔다. 가게 안은 따뜻한 주홍빛으로 가득했고, 앉으면 기분이 좋을 것 같은 소파와 깔개가 놓여 있었다. 안쪽에는 온화한 분위기의 중년 여성이 흔들의자에 앉아 그들을 바라보았다.

"다녀왔니?"

여자는 따뜻한 목소리로 말하며 빙긋 웃었다. 고양이 로스가 소파에 뛰어오르더니 기분이 좋다는 듯 그 위에 누웠다.

"저희는 그냥 구경하러 온 건데요."

"괜찮아. 있고 싶은 만큼 있다 가렴. 고양이도."

쿠는 용기 내어 질문했다.

"여기는 뭘 하는 가게예요?"

"지친 사람들에게 사랑을 파는 가게야."

"왜 이 가게를 시작하신 거예요?"

"내가 다른 사람들과 경쟁하는 것에 지쳐서 이런 가게가 있다면 좋겠다는 생각이 들었어. 그래서 시작했어. 하고 싶은 일을 하는 게 제일이잖아."

"하고 싶은 일이라고요?"

"그래. 이게 내가 하고 싶은 일이야. 사랑에 굶주린 사람들에게 상냥하게 말을 걸어 주는 것. 너도 필요하니?"

"아니요, 감사했습니다."

쿠는 얘기를 더 들었다가는 돈을 내야 할 수도 있겠다 싶어서 정중히 거절했다.

"잘 가렴. 사랑이 필요하면 언제든지 와도 돼."

가게를 나온 쿠는 한동안 말없이 무언가를 생각하는 듯했다.

"괜찮아? 기분 나빠진 거야?"

"응? 아니, 아니야. 아까 아주머니가 말씀하신 '자신이 하고 싶은 일을 하는 게 제일'이라는 말을 생각하고 있었어. 우리나라에서는 그렇지 않거든."

"어? 그래? 자유나라에서는 자유롭게 공부하고 자유롭게 취직하는 게 당연한 일이야."

"꿈같은 이야기다. 렌의 꿈은 뭐야?"

"나는 의사가 되어서 힘든 사람들을 도와주고 싶어. 하지만 의사는 돈을 많이 버는 직업이라 경쟁이 치열해. 되기 힘들지."

"너라면 할 수 있을 거야."

"넌 뭘 하고 싶어?"

"나는……."

쿠는 말을 잇지 못했다. 사실 쿠는 예전부터 동화 작가가 되고 싶었다. 하지만 평등나라에서는 허락되지 않는 일이다. 누구나 나라 전체를 생각하고, 주어진 일을 해야 한다는 규칙이 있기 때문이다. 좋아하는 일에 대해 이야기하는 것도 금기시되어 있다.

쿠도 어떤 일을 하게 될지 지금은 전혀 모른다. 학교를 졸업하기 전 느닷없이 '뒤를 보는 종이'라고 하는 통지서가 올 것이다. 일반적으로 그렇게 불리는데 왜 그런 명칭이 붙었냐면 갑자기 쇼크를 받지 않도록 통지서 앞면에는 구구절절 설명이 적혀 있고 뒷면에 결정된 직업명이 적혀 있기 때문이다. '뒤를 보는 종이'라는 말에는 자신이 하고 싶었던 일에 미련이 남아 자꾸만 '다시 배정을 받는다면 하고 싶었던 일을 할 수 있지 않을까?' 하고 과거를 돌아보게 된다는 의미도 있다. 사실은 다들 자신이 하고 싶은 일에 미련이 있는 것이다.

학생들의 직업은 학교에서 제출한 서류를 바탕으로 나라에서 적성을 판단하여 정한다. 간부들이 마음대로 정한다는 소문도 있다. 쿠는 하고 싶은 일을 하는 사람들을 보고 조금은 자유에 관심이 생겼다. 그때였다. '쨍그랑' 유리가 깨지는 듯한 소리가 들렸다.

"자, 주워!"

자세히 보니 덩치 큰 남자가 카페테라스에 앉아 테이블에 있는 물건을 누군가에게 던지고 있었다. 은색 줄무늬 양복에 와인색 셔츠를 입은 독특한 취향의 그 남자는 숟가락과 포크를 일부러 몇 번씩이나 떨어뜨리면서 누군가에게 그걸 주우라고 명령하고 있었다. 줍고 있는 남자는 허름한 차림을 한 소심해 보이는 마른 남자였다. 주위 사람들은 남의 일에 신경 쓰지 않는다는 듯 무관심한 표정이었다.

"저게 대체 뭐하는 거야?"

쿠가 놀라서 물었다.

"아…… 노예를 고용한 남자가 스트레스를 푸는 모양이야. 자주 있는 일이지."

"노예?"

"물론 계약이지. 저 깡마른 남자가 아마 그런 직업을 고른 거 같은데. 뭐, 돈이 없으니 어쩔 수 없었겠지만."

"저런 걸 그냥 둬도 되는 거야?"

"직업 선택의 자유라는 게 있으니까."

렌이 말을 마치기도 전에 쿠는 이미 카페테라스 쪽으로 달려가고 있었다.

"이건 너무하잖아요. 우리는 다 똑같은 인간이에요."

"너 뭐야? 우리가 계약한 일이야. 너 같은 꼬맹이한테 설교들을 이유 없어."

덩치 큰 남자는 조금 취했는지 무섭게 인상을 쓰며 일어섰다. 렌은 재빨리 그 사이에 끼어들었다.

"죄송합니다. 얘가 요즘 정신이 좀 오락가락해요."

렌은 일이 커지기 전에 무마시키려고 했지만 쿠는 참을 수가 없었다.

"나 멀쩡해."

"이 꼬맹이가, 뭐가 어째?"

남자가 쿠를 붙잡으려 하자 렌은 남자 앞을 막아섰다. 그 순간 퍽 하는 소리가 들렸다. 렌은 남자에게 맞아 뒤로 넘어졌다.

"렌! 괜찮아?"

"이 자식이!"

렌은 일어서자마자 남자의 다리를 걸어 그를 넘어뜨렸다.

"도망쳐!"

그 틈을 타 렌은 쿠의 손을 잡고 달렸다. 로스가 그 뒤를 따랐다.

"거기 서! 꼬맹이!"

남자는 바로 둘을 쫓아왔지만 달리기가 빠르지는 않았다. 쿠와 렌은 필사적으로 도망쳤다. 마을 어귀까지 다다라 남자를 따돌린 것을 확인하자, 둘은 공터에 주저앉았다.

"헉, 쿠, 너 의외로 용기 있다."

"나, 나도 왜 그랬는지 잘 모르겠어. 평소에는 그런 일을 본 적이 없으니까……."

"넌 분명 정치인이 돼도 잘할 거야. 아, 맞다. 직업을 고를 수 없다고 했지."

잠시 침묵이 흐르고 쿠는 얼굴이 부어오른 렌에게 작게 말했다.

"미안해. 나 때문에……."

로스도 미안한 듯 렌의 뺨을 핥았다.

"로스, 간지러워. 괜찮아. 영광의 상처니까. 이것도 자유지, 뭐!"

두 사람은 소리 내어 웃었다.

뭐든지 자유인 자유나라. 사랑을 팔거나 노예가 될 수도 있는 곳. 좋긴 하지만 조금 지나친 듯도 하다.

새로운 걸 너무 많이 봐서인지 쿠는 머릿속이 조금 혼란스러웠다. 그리고 몸도 많이 지쳐 있었기 때문에 그날 밤은 제이 할아버지가 마련해 둔 침대에 눕자마자 곧바로 잠이 들었다.

* * *

둘째 날 아침. 눈을 떴을 때 이미 렌이 와 있었다.

오늘은 제이 할아버지의 친구가 입원한 병원에 병문안을 가기로 했다. 할아버지는 병문안을 다녀오는 길에는 자유나라의 결혼식을 보여 주겠다고 했다. 마침 주말이라 결혼식이 많다고 했다.

"오늘 병문안 가는 내 친구는 아직 일흔이지만 내일 죽기로 했다더구나."

제이 할아버지 말에 쿠는 깜짝 놀랐다.

"네? 내일 죽기로 했다니요? 그런 걸 본인 스스로 결정할 수 있나요?"

"이 나라에는 안락사할 수 있는 약이 있어서 죽는 게 어렵지 않아. 아픔도 없이, 말 그대로 자는 듯이 죽을 수 있단다. 기본적으로 성년이 되면 죽음을 선택할 수 있는 자유가 주어지거든. 우울증 같은 마음의 병이 없는 한, 희망하는 사람에게는 죽을 기회가 주어지는 게지."

"죽을 자유라고요……?"

"아니, 자유라고는 해도 고통이 심하지 않으면 안락사 약을 받을 수는 없단다. 죽을 만큼 아픈데 죽을 수 없다는 것도 딱하잖니."

"그런 약이 있으면 목숨을 소중하게 생각하지 않게 될 거 같아요."

"그 반대란다. 사람은 언제든 죽을 수 있다고 생각하기 때문에 미련 없이 살 수 있지. 게다가 미성년자의 자살도 막을 수 있고. 높은 데서 뛰어내려 자살하는 것처럼 아픔을 감수해야 하는 자살 방법은 야만적이라고 생각하거든."

그들이 병원에 도착했을 때 제이 할아버지의 친구는 침대에 조용히 누워서 책을 읽고 있었다. 창백하고 마른 얼굴에 퀭한 눈이 인상적이었다. 병실 앞에는 '라소'라는 이름이 붙어 있었다.

"이야, 라소. 오랜만이구먼."

"아, 제이. 와 줘서 고맙네. 이게 마지막일 테지."

"기분은 좀 어떤가?"

"방금 진통제를 맞아서 좀 괜찮아졌네. 그게 아니었으면 아파서 몸부림치고 있었을 거야. 안녕, 어린 친구들."

옆에 있는 쿠와 렌을 본 그는 빙긋 웃으며 인사했다. 내일 죽는다고 생각할 수 없을 정도로 편안하고 온화한 표정이었다.

"아, 안녕하세요."

쿠와 렌은 머뭇거리며 인사했다. 자유나라에 사는 렌도 내일 죽기로 결정한 사람을 만난 건 처음이었다.

"하나만 여쭤 봐도 될까요?"

쿠가 물었다.

"무엇이든 물어보렴. 오늘이 마지막일 테니 말이다."

"저…… 어떻게 웃으실 수 있는지 궁금해요. 죽는 게 무섭지 않으세요?"

"하하하. 죽음에서 벗어나게 해 달라고 기도하지 않을 때 죽는 것은 행복이란다."

쿠는 그 말의 의미를 잘 알지 못했다. 적어도 평등나라에는 죽을 자유가 없다. 그래서인지 라소 할아버지가 말한 '행복'이

라는 단어를 듣고, 자유가 가진 또 하나의 의미를 생각하게 되었다.

라소 할아버지와 인사를 나누고 세 사람은 병원을 나왔다. 병원 앞에도 거지들이 있었다. 그중에는 웅크리고 있는 사람도 있었다. 어쩌면 병에 걸렸는지도 모른다. 그걸 눈치챈 건지 렌이 소곤거렸다.

"자유나라에서는 아무나 치료받을 수 있는 게 아니야. 가난하면 조금 아픈 것쯤은 참아야 해."

"그건 좀 이상하지 않니? 같은 사람인데."

쿠는 조금 힘이 들어간 말투로 대답했다. 평등나라에서는 누구나 치료받을 권리를 가지고 있다. 쿠는 그것이 당연하다고 생각했다.

"말도 안 되는 일일지 몰라도…… 어쩔 수 없어. 그런 구조니까."

렌이 고개를 숙이며 그렇게 말하자 세 사람은 한동안 말이 없었다.

그들은 결혼식장으로 향했다. 자유나라에서는 누구나 결혼식에 갈 수 있었다. 돈만 낸다면.

"돈만 있으면 뭐든 되는구나."

쿠가 침묵을 깨고 불쑥 말했다.

"그런 셈이지. 결혼식도 돈에 따라 달라지니 말이다. 생긴 게 어떻든 간에 이 나라에서는 돈을 가진 사람이 인기가 많단다."

"평등나라는 어때?"

렌은 흥미진진하다는 듯 물었다.

"평등나라에서는 어떤 사람이든 결혼을 하고 아이를 낳을 수 있어. 누가 누구와 결혼을 할지 정해져 있는 분위기거든. 이 사람이 결혼할 나이가 됐다면 저 사람이랑 하겠지, 하는 분위기. 그래도 안 되면 나라가 결혼을 시켜 줘."

"그런 것까지 평등하구나."

렌은 조금 놀란 것 같았다.

"거의 다 왔다. 저기 보이는 곳이 결혼식장이란다."

제이 할아버지는 화려한 건물을 가리키며 말했다.

식장에는 이미 많은 사람들이 모여 있었다. 세 사람은 접수대에 돈을 내고 안으로 들어갔다. 쿠는 식장의 분위기가 평등나라와 다르다는 생각이 들었다.

"가족끼리 온 사람은 별로 없네요? 평등나라에서는 다 같이 축하해 주는데."

"사실은 말이다, 자유나라에서는 결혼해서 가족이 되는 사람 자체가 적단다. 결혼을 하면 자유를 빼앗긴다고 생각하거든."

제이 할아버지는 작은 목소리로 대답했다. 자유를 빼앗긴다니, 확실히 결혼식장에서 하기에는 꺼려지는 이야기였다.

"그럼 아이들은 어떻게 태어나나요?"

쿠도 작은 소리로 물었다.

"아이들은 정자와 난자 제공으로 태어나도록 되어 있어. 상업적 정자 은행이 유행이란다."

"상업적 정자 은행이요?"

"남자가 정자를 제공하면 그걸 사는 거란다. 반대로 여자가 난자를 제공하는 난자 은행도 있고. 다른 사람 대신 아기를 임신하는 대리모 출산 사업도 있어."

"그러니까 결혼하지 않아도 아이를 가질 수 있다는 말씀이세요?"

"그렇단다. 그리고 곧 알게 되겠지만 지금 결혼할 커플처럼 동성 커플도 많아."

쿠는 어제 공원에서 본 남자 둘을 떠올렸다. 그들도 아이를 안고 있었다.

"이 나라에서는 사람이 죽는 것도 태어나는 것도 자유야."

옆에 있던 렌이 말했다.

"나도 아빠가 없어. 엄마는 정자를 제공받아서 나를 혼자 낳으셨거든."

"외롭지 않니?"

쿠는 렌의 얼굴을 바라보았다.

"전혀."

렌은 딱 잘라 대답했다. 자유나라에서는 개인의 자유가 최대한 존중되기 때문에 부모님이 한 분만 계시거나 가족이 적다는 게 별일이 아니었다. 이상적인 가족상이 있는 것도 아니고 모두가 서로서로 달랐다. 평등나라에서는 대가족을 이상적이라고 생각하기 때문에 할머니와 단둘이 사는 쿠는 늘 주눅이 들어 있었다. 그 이유로 따돌림을 당한 적도 있다. 나라에서도 대가족을 장려하고 그렇지 않은 집에는 무언의 압력이 가해졌다. 쿠는 그런 게 너무 싫었다. 자신이 원해서 그렇게 된 것도 아닌데 왜 눈치를 봐야 하는 걸까.

"생각해 봐. 부모님이 서로 싫은데도 참아 가면서 데면데면

사는 집이랑 부모님 중 한 분만 계시지만 즐겁게 사는 집. 어느 쪽이 더 좋을 것 같아?"

렌이 물었다.

"그거야, 즐거운 쪽이지만…… 그래도 가족이 많은 게 좋지 않니? 우리 집도 나랑 할머니 둘뿐이야."

조용해진 쿠를 보며 렌은 뭔가 묻지 말아야 할 것을 물었다는 생각이 들었다.

"미안. 내가 쓸데없는 걸 물은 거 같아."

"아니야. 그게 아니라 부럽다는 생각이 들었어. 어떤 가정이든 눈치 보지 않아도 된다는 게 말이야."

쿠는 진심으로 그렇게 생각했다. 지금까지 자신은 공기가 적은 곳에서 살았다는 사실을 공기가 풍부한 곳에서 지내면서 갑자기 깨달은 것 같은 느낌이었다.

두 사람이 이야기를 나누는 동안 행복해 보이는 동성 커플이 단상에 올라섰다. 오늘의 주인공들이다.

"결혼할 때는 저렇게 행복해하면서 사람들은 왜 이혼하는 걸까?"

쿠가 렌에게 물었다.

"엄마가 자주 하시는 말씀인데 사람들이 이혼하는 건 줄 수 있는 게 없어졌기 때문이래."

"줄 수 있는 것……."

그때 사회자가 커플에게 물었다.

"자, 그럼 행복이 가득한 두 분, 사랑의 서약을 해 주세요."

한 사람이 연인을 바라보며 말했다.

"자유로워지세요. 당신이 자유롭지 않으면 나도 자유롭지 않으니까."

결혼식장에 큰 함성이 일었다. 쿠는 이상한 사랑의 서약이라고 생각했지만 이것이 바로 자유나라의 존재 의미일지도 몰랐다.

* * *

둘째 날 밤, 쿠와 렌은 제이 할아버지로부터 신기한 전설에 대해 들었다. 옛날 옛적에 자유나라와 평등나라는 하나였다는 이야기다.

"그 나라는 '꿈의 나라'라고 불렸단다."

"어째서 두 개로 나뉜 건가요?"

놀란 목소리로 쿠가 물었다.

"자유를 사랑하는 사람들과 평등을 사랑하는 사람들이 서로 헐뜯기 시작했고, 결국 전쟁이 일어난 게지. 그 결과 나라는 두 개로 나뉘었단다."

"그런 나라가 정말 있었어요? 학교에서는 그런 이야기 들은 적 없는데요."

렌은 믿을 수 없다는 듯 말했다.

"어디까지나 전설이란다. 하지만 이 이야기가 두 나라 모두 의 역사에서 사라진 것이 아닐까 싶구나."

"왜죠?"

"서로 영향을 주고받을 것을 두려워한 거겠지. 자유나라는 평등나라로부터 영향을 받고 싶지 않았고, 평등나라도 자유나 라로부터 영향을 받고 싶지 않았을 게 아니겠니. 질서를 흐트 러뜨리지 않으려면 말이다. 자유, 평등 둘 다 좋은 면이 있어. 그러니 하나만을 믿는 사람이 있는 거란다. 하지만 하나만 좇 는다는 게 말처럼 간단하지가 않아. 그러니 서로 싸우고 전쟁 까지 일어난 거야. 옛날 사람들은 또 다시 그런 역사를 반복해 서는 안 된다고 생각했을 거야."

제이 할아버지는 거기까지 말하더니 하늘을 올려다보았다. 그리고 다시 말을 이었다.

"게다가 전설에 의하면 어떤 일이 일어날 때 다시 한 번 꿈의 나라가 나타날 거라고 하는구나."

"어떤 일이라니요?"

렌이 몸을 앞으로 내밀었다.

"그건 나도 모른단다. 다만 역사는 만들어지는 것이 아니라 만들어 가는 것일지도 모르지……."

"제이 할아버지, 하나만 더 여쭤 봐도 될까요?"

"그럼."

"자유란 대체 뭐죠?"

"으음…… 그렇게 물으니까 한마디로 답하기 어렵구나. 자유가 인간의 본질이라는 건 틀림없단다. 인간에게 욕심이 있는 한 그것을 숨기기는 힘드니까 말이다. 그러니 그 욕심에 솔직해지는 게 중요하단다. 하지만 너무 자유만을 추구해서는 안 되지."

"어째서요?"

"자유라는 것은 욕심을 내면 낼수록 잃어버리게 마련이거든."

"욕심을 내면 낼수록 잃어버린다고요?"

쿠는 고개를 갸웃거렸다.

"욕심이 많은 사람은 결국 다른 사람들에게 피해를 주게 되고, 그러면 자유는 제한되고 마는 거지."

"어렵네요."

"얄궂은 일이지. 내일 아침 일찍 일어나야 하니 이제 그만 자야겠구나."

"내일 잘 돌아갈 수 있을까요? 만약 벽에 구멍이 생기지 않으면 어쩌죠?"

불안해하는 쿠에게 제이 할아버지가 다정하게 말했다.

"괜찮을 거다. 내일이란 스스로 만드는 기적이니까. 쿠 너라면 기적을 일으킬 수 있을 게야."

"스스로 만드는 기적······?"

"내일은 스스로 만드는 거지만 잘될지 안 될지는 모르지. 기적처럼 말이다. 그러니 잘될 거라고 믿는 수밖에 없어."

자유의 의미, 꿈의 나라 전설······. 그날 밤 쿠는 침대에 누웠지만 잠이 오지 않았다. 자유나라에서 경험한 다양한 일들에 대해 생각했다. 그리고 고민에 빠졌다.

창밖으로 보이는 달은 며칠 후엔 보름달이 될 것 같았다. 쿠의 할머니는 그런 달을 '망월(望月)'이라고 불렀다. '보름달이 되기를 바라는 달'이라는 뜻을 담고 있다. 보름달이 되기 전의 그 달이 쿠의 눈에는 정말 무언가를 기다리는 것처럼 보였다.

* * *

이윽고 날이 밝았다. 주위는 아직 어두웠기 때문에 렌이 국경선 근처까지 바래다주기로 했다.

"쿠, 건강하렴."

"제이 할아버지, 정말 고맙습니다. 저······."

그렇게 말을 잇는 쿠의 눈에 눈물이 맺혔다가 흘러내렸다.

"괜찮다. 분명 또 만날 수 있을 게야. 자, 어서 가렴."

눈물을 흘리며 고개를 끄덕인 쿠는 렌이 잡아끄는 대로 걸음을 내디뎠다. 두 사람은 아무 말이 없었다. 숲길을 걸은 지 삼십 분 정도 되었을까. 렌이 멈춰 서서 말했다.

"이곳을 지나가면 금방 국경선이 나올 거야."

"전부 다 고마웠어."

"나야말로. 나도 네 덕분에 우리나라에 대해 생각해 볼 수 있었어. 좋은 면 나쁜 면 전부 다."

"그랬다면 다행이야."

"이제…… 만날 수 없는 걸까?"

렌이 중얼거린 말에 쿠는 갑자기 쓸쓸해졌다. 하지만 일부러 웃는 얼굴로 말했다.

"평등나라에는 여기에 없는 게 엄청 많아. 그런 것들을 전해 주기 위해 노력해 볼게. 렌도 그렇게 해 줘. 계속 줄 수 있는 게 있다면 이어지는 거지?"

"아, 그런가? 하하하. 그건 결혼 이야기인데."

"그랬나? 헤헤헤. 나도 참. 그럼…… 갈게."

두 사람은 왠지 모를 허전함을 모른 척하며 일부러 크게 웃었다. 그리고 순간 정적이 흘렀다. 어색함을 달래 보려는 듯 렌이 진지한 얼굴로 말했다.

"이거, 누군가에게 처음으로 하는 선물이야."

렌은 목에 걸고 있던 펜던트를 풀어 쿠의 목에 걸어 주었다. 그 순간 렌과의 거리가 매우 가까워지는 바람에 쿠는 조금 두 근거렸지만 아무 말도 하지 않았다.

"소중히 간직할게."

쿠는 그렇게 말하고 철벽 쪽으로 걸음을 옮겼다. 돌아보면 눈 물이 날 것 같아 그저 앞으로 걷기만 했다. 두 사람 머리 위에 는 아직 망월이 은은하게 빛나고 있었다…….

2장
평등나라

평등나라에 들어간 벨도 숲을 빠져나와 마을로 향했다. 커다 란 나무들이 우거진 숲을 삼십 분 정도 걷자 갑자기 눈앞이 밝 아지더니 녹음이 푸르른 자연 속에 한적해 보이는 건물들이 여 기저기 흩어져 있는 모습이 눈에 들어왔다.

두근거리는 가슴을 안고 벨은 마을로 발걸음을 옮겼다. 길은 포장되어 있지 않았고 주변에는 마치 무지개 양탄자를 깔아 놓 은 것처럼 색깔이 알록달록한 꽃밭이 펼쳐져 있었다. 그 위를 다양한 크기의 나비들이 날아다녔다. 벨에게는 그 풍경이 환상 적으로 보였다.

그런데 건물은 대부분 나무로 된 단층 건물이다. 게다가 집들 은 모두 같은 크기, 같은 모양이었다. 병원이려나? 가끔 큰 건 물도 눈에 띄었지만 자유나라처럼 유리로 된 높은 건물은 하나도 없었다.

걸으면서 구경하는데 마을 중앙으로 보이는 곳에 큰 광장이 있었다. 큰 글씨로 '평등의 광장'이라고 적힌 큰 간판이 보였다. 누워서 쉬는 사람, 땅바닥에 앉아서 이야기를 나누는 사람 들이 많았다.

왠지 모르게 활기가 없어 보이는 모습에 벨은 조금 실망했다. 하지만 마을에 거지가 없다는 점은 마음에 들었다. 자유나라에서 가난한 아이들이 빈 깡통을 손에 들고 구걸하는 모습을 보면 벨은 늘 가슴이 아팠다. 거지가 없으니 이따금 바람에 전해져 오는 악취도 없었다. 악취는커녕 주변 꽃밭에서 올라오는 꽃향기에 심호흡을 하고 싶을 정도였다.

그리고 자유나라에서는 당연하게 여겨지는 빈부 격차도 없는 것 같았다. 고급 양복을 입은 사람도 없을뿐더러 거지도 없다. 다들 국민복이라는 같은 디자인의 작업복을 입고 있었다. 벨은 같은 옷을 입고 태연하게 길을 걷고 있는 스스로가 조금 어색하게 느껴졌다.

조금 더 마을을 탐험해 보고 싶었지만 잠깐 동안만 마을을 구경하고 쿠의 마 할머니를 찾아가기로 했다. 마 할머니에게만은 두 사람이 바뀌치기했다는 사실을 털어놓기로 약속했기 때문이다.

벨은 길을 물어물어 쿠의 할머니 집에 도착했다. 마 할머니라

고 생각되는 나이의 사람이 마침 집 앞 작은 텃밭에 물을 주고
있었다. 역시 다른 사람들과 마찬가지로 국민복을 입고 있었다.

"저기, 마 할머니시죠?"

"아, 쿠. 다녀왔니? 안 들어오고 왜 그렇게 어색하게 서 있
어?"

"저는 벨이라고 해요."

"벨?"

벨은 사정을 설명했다. 마 할머니는 처음에는 놀라며 쿠를 걱
정했지만 진지한 태도의 벨을 믿어 주었다. 아니, 그럴 수밖에
없었다.

"그렇구나. 자유나라에서 일부러……. 그래, 그러면 우선 마을을 소개해 주마."

그러고 나서 마 할머니는 외출 준비를 했다.

마을은 소박한 시장 같은 느낌이랄까, 길가에 바둑을 두는 어른들도 보였고 뛰어 노는 아이들도 있었다. 매우 한가로운 분위기였다. 다들 부자는 아닌 듯했지만 신기하게도 행복해 보였다.

다만 가끔씩 경찰 같은 사람들이 지나갈 때마다 마 할머니의 긴장한 표정이 벨의 눈에 들어왔다.

"마 할머니, 이 나라에는 왜 거지들이 없어요?"

벨이 물었다.

"그건 최저 생계에 필요한 것들을 배급받기 때문이란다. 그러니까 나라에서 나눠 주거든."

"음식이랑 옷도요?"

"그렇단다. 자유롭게 쓸 수 있는 돈이 조금 있지만 그 돈을 옷에 쓰는 사람은 없어. 다들 이 국민복을 입고 다니지. 그 편이 경제적이지 않니? 좋아하는 옷을 입어도 된다고 하면 경쟁하게 될 테고 말이다."

벨은 명품 옷을 입지 않으면 부끄럽게 여기는 자유나라를 떠올렸다. 벨의 집은 자유나라에서 돈이 많은 편이 아니었으므로 평소에 그런 점이 너무 싫었다.

"확실히 자유로우면 그만큼 경쟁도 심해져요."

벨은 학교에서 옷을 자랑하며 경쟁하는 친구들의 모습이 생각났다.

"필요한 것은 필요에 맞게 배급된단다. 집도 직업도 말이야."

마 할머니의 말에 벨은 조금 놀랐다.

"네? 직업도 자유롭게 선택하지 못하나요?"

"그렇단다. 적성을 따지긴 하지만 기본적으로 나라 전체를 생각해서 나누어 주지."

"그러면 일할 의욕이 생기지 않잖아요?"

마 할머니에게 이야기를 듣고 주위를 둘러보니 다들 열심히 일하고 있지 않았다. 앉아서 졸고 있는 가게 주인도 있었다. 전체적으로 다들 의욕이 없어 보였다. 바로 앞 가게의 젊은 점원은 주인이 가게 안쪽으로 들어가자마자 잡지를 꺼내 읽기 시작했다. 다들 틈만 나면 일하기보다는 놀고 싶어 하는 것처럼 보였다.

"그렇지. 아무리 열심히 해도 똑같으니까. 하지만 농땡이를 피우는 정도면 괜찮은 거란다. 부정을 저지르는 사람도 있어."

마는 찜찜하다는 듯이 말했다.

"부정을 저지르면 어떻게 되나요?"

"경찰이 와서 본보기로 벌을 내린단다."

그러고 보니 사람들이 서로를 믿지 못하는 것 같아 보였다.

잡지를 읽던 젊은 점원도 벨의 시선을 느끼자마자 과장된 몸짓으로 일하기 시작했다. 마치 누군가에게 감시당하고 있는 것처럼 두리번두리번 주위를 둘러보기도 했다.

경찰이 지나갈 때마다 마 할머니의 얼굴에 긴장이 묻어나는 것도 그 때문이다. 마 할머니는 지금 자유나라 사람과 함께 걷고 있는 것이니까. 들키면 큰일이다.

벨은 제이 할아버지로부터 들었던 평등나라의 현실이 이렇게 궁색하다는 것에 조금 실망했다.

"벨, 다들 세 시면 일이 끝나서 아무것도 볼 게 없단다. 오늘은 이쯤에서 돌아가자꾸나. 내일은 휴일이니 극장에 데려가 주마."

"와, 정말요? 저 극장에 처음 가 봐요. 자유나라에는 극장이 별로 없거든요."

"그러니?"

마 할머니는 의외라는 듯 되물었다.

"부자들이 호화로운 극장을 만들긴 했는데 관람료가 비싸요. 저희 집은 가난해서 가 보고 싶다는 말을 못 하겠더라고요."

그날 밤, 벨은 마 할머니에게 자유나라에 대해 이야기해 주었다. 그리고 마 할머니에게 많은 이야기를 들었다. 평등나라에서는 의료나 교육이 공짜이고 누구나 같은 서비스를 받을 수 있다는 것. 일할 의무가 있기 때문에 실업도 없다는 것⋯⋯. 이곳에서는 모든 것이 처음부터 계획되어 그대로 일이 나누어지고 물건이 분배된다. 하지만 한편으로는 국가의 계획을 세우는 간부들의 부정부패가 문제였다. 자신들만 이득을 보도록 물건을 분배하는 간부들이 있는 것이다.

그리고 당연히 모든 일이 계획대로 진행되지는 않는다. 간부들은 자신들의 실패가 드러나지 않게끔 눈속임이나 거짓말을 하기도 한다. 그래서 정말 나라가 제대로 돌아가고 있는 것인지 진실은 아무도 모른다. 그저 국민들이 보기에는 잘 돌아가고 있는 것처럼 보일 뿐이다.

* * *

둘째 날 아침, 마 할머니는 약속대로 벨을 극장에 데리고 갔다. 마을에는 자유나라에는 없는 극장이 여럿 있었다. 경쟁을 하지 않는 평등나라 사람들에게는 여가 시간이 많기 때문에 문화가 발달하기에는 딱 알맞은 환경이었다. 벨은 조금 부러웠다.

마 할머니가 데려간 곳은 마을에서 가장 큰 극장이었다. 게다가 그날은 마을 사람들이 가장 좋아하는 〈불쌍한 독수리 남자〉라는 연극을 하는 날이었다. 처음 보는 극장과 연극에 벨은 흥분을 감추지 못했다.

사람들이 자리를 가득 채우자 버저가 울리고 드디어 연극이 시작되었다.

독수리 남자는 일하는 것을 정말 싫어한다. 독수리를 기르면서 가끔씩 독수리를 구경거리 삼아 돈을 벌어 먹고사는 정도다. 그러나 그것만으로는 돈이 부족하기 때문에 그는 언제나 편하게 돈을 벌 수 있는 방법이 없을까 고민한다. 그러던 어느 날, 검은 양복을 입은 방문 판매자가 독수리 남자를 찾아온다.

"계십니까? 문 좀 열어 주시겠습니까?"

문 뒤에서 무미건조한 목소리가 들렸다. 밖을 내다보니 처음 보는 검은 양복 차림의 남자가 서 있었다.

"방문 판매는 필요 없소."

"저는 물건을 팔러 온 게 아닙니다. 편하게 돈을 벌 수 있는 방법을 알려 드리려고 왔습니다."

독수리 남자는 그 말에 홀랑 넘어가 어느새 문을 열었다.

"말이 잘 통하는 분이시군요."

남자는 그렇게 말하면서 자기 집이라도 되는 양 독수리 남자의 집에 슥 들어왔다. 그러더니 서류 가방에서 자료를 꺼냈다. 거기에는 어려워 보이는 수식이 잔뜩 쓰여 있었다.

"지금부터 잘 들으십시오. 당신이 지금 가지고 있는 돈을 저한테 전부 맡기시면 그 돈을 백배, 천배로 불려서 돌려드리겠습니다."

"뭐? 천배?"

"네, 천배로 만들어 드리겠습니다."

"내가 뭘 하면 되지?"

"아무것도 안 하셔도 됩니다. 지금 가진 돈을 제게 전부 맡기기만 하십시오."

횡재를 만났다고 생각한 독수리 남자는 생활비만 조금 남기고 서랍에 있는 돈을 전부 남자에게 주었다.

"그래서 언제 천배가 되는 거요?"

"그렇게 오래 걸리지는 않을 겁니다. 당신의 돈을 다른 사람

에게 이자를 붙여서 빌려줄 겁니다. 이걸 '운용'이라고 하는데
계속 반복하다 보면 천배가 됩니다."

"운용인지 용용인지 그런 건 관심 없으니 빨리빨리 해 주쇼."

독수리 남자는 매우 흥분하여 말했다.

"알겠습니다. 돈이 어느 정도 불었는지 궁금해지면 언제든
전화 주십시오."

남자는 이렇게 말하며 전화번호를 알려 주고는 뒤도 돌아보
지 않고 떠났다.

독수리 남자는 이 사실을 자랑하고 싶어서 옆집에 사는 성실
한 대장장이를 찾아갔다.

"어이, 대장장이 안에 있나?"

"무슨 일이야? 기분이 좋아 보이네?"

"뭐 하고 있었나?"

"뭐 하긴. 대장장이가 망치로 철 두드리는 것 말고 할 일이
있겠어? 늘 하던 거 하지."

"그렇게 힘들게 일하고 얼마나 벌어?"

"뭐, 그다지 큰돈은 아니지만 나 하나 매일 먹고살기에는 부
족하지 않을 만큼 번다네. 난 사치스러운 건 질색이거든."

"난 일하는 게 질색이야."

독수리 남자는 이렇게 말하고는 의미심장한 미소를 지었다.

"어디서 보물이라도 찾았나?"

"비슷한 일이 있었지. 사실 말이야, 내 돈을 천배로 불려 준다는 남자가 찾아왔었거든. 자네한테는 안 왔었나?"

"아, 그 사람. 왔었어. 검은 양복을 쫙 빼입고 와서는 그런 말을 했었지."

독수리 남자는 안색이 바뀌더니 물었다.

"뭐? 자네한테도 왔었다고? 그래서 어떻게 했어?"

"어쩌긴 뭘 어째. 그런 말도 안 되는 일이 가능하겠어? 게다가 나는 매일 이렇게 철을 두드리면서 하루를 마치는 게 좋아. 안 그러면 밥맛이 없거든."

"자네 바보구만. 그러니까 평생 대장장이로 사는 거야. 나는 곧 돈을 엄청 벌어서 성에서 살 거야. 그때가 되면 자네를 고용해 주지. 이웃 간의 정을 생각해서 말이야. 하하하."

독수리 남자는 말을 마치고는 새어 나오는 웃음을 참지 못하고 만족스러워하며 집으로 돌아왔다.

다음 날, 돈이 불어났는지 궁금해진 그는 참지 못하고 검은 양복 남자에게 전화를 걸었다.

"여보세요? 나 독수리 남자요. 어제 맡긴 내 돈은 얼마나 불었는지 궁금해서요……."

"너무 서두르지 마시죠. 아직 백배밖에 되지 않았습니다."

"버, 벌써 백배?! 그러면 앞으로 구 일 후면 천배가 되겠군."

"더 빠를지도 모릅니다."

그날 밤, 독수리 남자는 꿈을 꾸었다. 점점 돈이 늘어나는 꿈이었다. 산처럼 쌓인 돈다발에 묻혀 있었는데 숨 막혀 죽을 것 같은 느낌이 들어 꿈에서 깼다. 아침에 거울을 보다가 인상이 험한 남자가 자신을 쳐다보고 있어서 깜짝 놀랐다. 잠에서 덜 깨어서인지 독수리 남자는 그 사람이 자기 자신이라고는 생각조차 하지 못했다. 그보다는 돈이 궁금해져 곧바로 남자에게 전화를 걸었다.

"독수리 남자입니다만, 이 백배 정도 되었소?"

"네, 순조롭게 늘어나고 있습니다. 안심하십시오."

"늘어난 돈을 보고 싶어서 그러니 조금만 돌려주쇼. 조금 돌려받아도 돈을 불리는 데는 상관없지 않겠소?"

그러자 수화기 너머로 남자가 갑자기 짜증 섞인 목소리로 말했다.

"당신 돈은 한 덩어리 같은 것입니다. 그렇게 하지 않으면 '운용'할 수가 없습니다. 천배가 될 때까지 차분히 기다리십시오."

독수리 남자는 박력 넘치는 목소리에 아무 말도 하지 못하고 전화를 끊었다. 하지만 어차피 돈은 천배가 되어 돌아올 거라고 생각하며 가진 돈을 몽땅 털어 매일 비싼 음식점에서 식사를 즐겼다.

그는 맡긴 돈이 어떻게 되었는지 몹시 궁금해서 하루가 멀다

하고 전화를 걸었다. 드디어 돈을 맡긴 지 열흘째 되는 날이 되었다. 계산상 천배가 된다고 했던 날이다. 이날만을 기다리며 흥청망청 돈을 썼기 때문에 독수리 남자에겐 돈이 한 푼도 없었다.

"여보세요. 독수리 남자인데, 내 돈은 천배가 되었소?"

그러자 수화기 너머의 남자는 평소와는 달리 이를 꽉 깨문 듯한 무거운 말투로 대답했다.

"큰일이 났습니다. 어제 갑자기 경제 상황이 나빠지는 바람에 고객님 돈의 가치가 없어졌습니다."

"뭐? 경제 상황이 나빠져? 그게 대체 무슨 말이오?"

"그러니까…… 백배, 이 백배 순조롭게 불어나고 있던 돈이 천배를 코앞에 두고 전부 거품처럼 사라져 버렸다는 말입니다. 이제 한 푼도 남지 않았습니다."

"그, 그런 말도 안 되는! 이보쇼, 내 돈 돌려줘!"

독수리 남자는 다급하게 외쳤다. 수화기 너머에서는 아무 말도 들리지 않았다. 그리고 무정하게도 전화는 끊겨 버렸다. 독수리 남자는 몇 번이나 다시 걸었지만 더 이상 아무도 전화를 받지 않았다.

독수리 남자는 어찌할 바 몰라 집을 뛰어나가 대장장이에게 울며 매달렸다.

"이보게, 대장장이. 나 좀 도와줘. 운용인가 뭔가가 거품이 돼서 내 돈이 다 없어져 버렸어.”

대장장이는 며칠 사이에 안색이 달라진 독수리 남자를 불쌍하다는 듯이 쳐다보았다.

“자네, 그거 속아 넘어간 거야. 돈은 성실하게 모아야 하는 법이네. 이런 딱한 친구를 봤나, 우리 집에 가서 밥이나 먹고 가게.”

다정한 대장장이의 말에 독수리 남자는 눈물을 흘렸다. 그런 일이 있은 후부터 독수리 남자는 성실하게 일하는 사람이 되었다.

막이 내리자, 극장 안에는 우렁찬 박수소리가 울려 퍼졌다.

"어땠니? 재미있었니?"

마 할머니가 물었다. 솔직히 벨은 충격을 받았다. 벨의 부모님은 작은 회사에서 쉬지 않고 일한다. 자유나라에서는 병원이나 학교에 갈 때도 전부 돈이 들기 때문이다. 벨은 학교에서는 가난한 쪽이었다. 그건 학교 친구들이 들고 다니는 물건만 봐도 알 수 있었다. 부모님도 돈이 없다며 한숨 쉬는 일이 많았고 하루하루가 힘들었다. 그런 모습을 보는 게 벨은 가슴 아팠다. 그러니 자신은 엄마 아빠와 달리 부자가 되고 싶다고 생각했다. 그런데 이 연극은 그런 벨의 꿈이 틀렸다고 말하고 있었다. 분명 자유나라에는 독수리 남자 같은 사람이 많았다.

"연극은 재미있었어요. 하지만 돈을 버는 게 그렇게 나쁜 건가요?

"그런 건 아니야. 하지만 돈을 버는 것이 목적이라면 이상하지 않니?"

마 할머니의 말을 듣고 벨을 흠칫 놀랐다.

"다들 돈을 벌기 위해 사는 거 아닌가요?"

"적어도 평등나라에서는 그렇지 않단다. 필요한 건 전부 지급되고 또 돈이 있어도 살 게 별로 없으니까 말이다. 자동차나 집, 땅도 전부 나라의 것이고."

지금까지 돈을 버는 게 제일 중요하다고 배운 벨은 마치 1 더

하기 1은 2가 아니라고 들은 것처럼 머릿속이 복잡해졌다. 지금까지 잘못된 것을 원하고 바랐던 것인가 하는 생각이 들어 속상했다. 그와 동시에 평등나라 사람들은 돈을 벌어 성공하는 것을 바라지 않는다는 점이 신기하게 다가왔다.

"저, 마 할머니. 사람들은 왜 이런 이야기를 좋아하는 건가요?"

"좋아한다기보다 익숙해진 걸지도 모르겠구나. 학교에서 배우는 것도 이런 이야기고 연극도 이런 종류가 많거든. 모두가 열심히 일하도록 일부러 이런 내용을 보여 주는 게 아닐까 싶구나."

이해가 되는 말이었다. 나라에서 일을 열심히 해야 한다는 생각을 강요하는 것이다. 벨의 머릿속은 더욱 복잡해졌다. 생각을 강요당하는 건 싫지만 자유나라 사람들의 인생 목표가 단지 돈이 되었을 때 생길 수 있는 문제를 누군가는 알려야 한다는 생각이 들었기 때문이다. 그렇게 되면 자신의 부모님도 그렇게까지 매일 힘들 이유는 없을 거라고 생각했다.

극장을 나설 때 마 할머니의 지인을 만났다.

"어머? 세데스 씨."

"오, 마 아주머니. 오랜만입니다."

검은 뿔테 안경을 쓴 중년의 남자였다. 역시 국민복을 입고 있었다.

"이쪽 아가씨는 쿠였던가? 나 기억하니?"

아무래도 쿠를 알고 있는 듯했다.

"아, 이분은 극장에 온 사람들의 수를 세는 일을 하시는 세데스 씨란다."

마 할머니는 쿠에 관한 이야기로 흘러가지 않도록 화제를 돌렸다.

"안녕하세요, 세데스 아저씨. 궁금한 게 하나 있는데요."

"뭐지?"

"극장에 온 사람 수를 세신다고요?"

"그래, 그게 내 일이란다. 티켓이 있는 게 아니니까 직접 사람들이 얼마나 왔는지 확인하는 거지. 나라에서 얼마나 많은 사람들이 연극을 보는지 알고 싶어 하거든. 어느 연극이 얼마나 인기가 있는지 말이야."

"어떻게 이 일을 배분받으신 거예요?"

"나는 옛날부터 수를 잘 셌단다. 젊을 때는 눈도 좋았고. 이 직업이 나한테 잘 맞는다고 생각한 거겠지. 자세한 건 나도 잘 몰라. 추측할 뿐이지."

"이 일이 재밌으세요?"

"재밌냐고? 하하하. 아, 미안하다. 이렇게 웃은 게 얼마만인지 모르겠구나. 일이 재미있다니, 재미가 있으면 그건 일이 아니지. 생각해 보렴, 쿠. 일은 살아가기 위한 수단이지 삶 그 자체는 아니란다."

"죄송해요. 이상한 걸 물어서……."

"괜찮다."

세데스 아저씨와 헤어졌지만 벨은 그의 말을 이해할 수 없었다.

"저기, 마 할머니. 세데스 아저씨는 행복한 건가요? 저라면 싫을 것 같아요. 좋아하지도 않는 일을 배분받아서 그걸 평생 해야 한다니. 게다가 열심히 한다고 해서 돈을 더 받을 수 있는 것도 아니잖아요."

"세데스 씨가 행복한지 아닌지 그의 마음속은 아무도 모르지. 평등나라에서는 모든 게 정해져 있단다. 그러니 크게 걱정할 게 없는 반면, 갑자기 사람들이 무료해진다거나 의욕을 상실하는 것도 사실이야. 특히 젊은이들 사이에서 그래. 나이를 먹으면 오히려 정해져 있는 편이 편하다고 생각하는데 말이다. 복지가 제대로 되는 것도 고마운 일이고."

"그런 면에서는 혼자 사는 할머니 할아버지도 걱정 없겠네요."

"윤택한 복지 덕에 혼자 살아도 문제는 없단다. 하지만 한편으로는 외로움을 타는 사람들도 있어. 그중에는 스스로 목숨을 끊는 사람들도 있고……."

마 할머니는 이렇게 말씀하시고는 잠시 조용히 계셨다.

"마 할머니는 쿠가 있으니까 외롭지 않으시죠?"

벨은 확인하듯이 물었다.

"그럼, 우리 둘뿐이지만 외롭지는 않단다. 사실은 말이다. 쿠는 부모님이 돌아가시고 고아원에 있었단다. 어떤 사정인지는 나도 잘 모르겠다만. 그래서 어릴 적부터 내가 맡아 함께 살고 있는 거야."

깜짝 놀란 벨은 순간 무슨 말을 해야 할지 몰랐다. 잠시 침묵이 흐른 뒤 벨은 겨우 입을 뗐다.

"마 할머니와도 피로 이어져 있는 건 아니군요."

"그렇단다. 자라 온 환경이 그래서인지 속으로만 생각하는 일이 많고 어른스러운 아이가 되었어. 가끔씩은 안에 있는 자기 모습을 드러내는 것 같기도 하지만 말이야……."

두 사람은 별다른 얘기를 나누지 않고 집으로 돌아왔다.

*　*　*

둘째 날 밤, 마 할머니는 신기한 이야기를 해 주셨다. 쿠에게도 말해 준 적 없는 이야기였다.

마 할머니는 어렸을 때, 자유나라에 가 봤다는 여행자를 만난 적이 있다. 그는 장사를 하기 때문에 특별히 국경을 넘을 수 있도록 허락을 받았다고 했다. 그 여행자는 아이들에게 신기한 이야기를 해 주었다. 그것은 먼 옛날에 있었다고 알려진 꿈의 나라에 대한 전설이었다.

평등나라의 의미, 신기한 전설 이야기. 벨은 오늘도 잠이 오지 않는 밤을 지새우고 있었다.

"저…… 마 할머니, 혹시 주무세요?"

"아니, 잠이 안 오니?"

"네, 요 이틀 동안 여러 가지 일이 있었으니까요. 궁금한 게 있는데요."

"뭐니?"

"평등은 뭔가요?"

"그거 어려운 질문이구나. 음…… 서로 같지 않으면 불공평
하다고 느낄 때가 있잖니. 그런 생각을 신중하게 여기는 게 평
등 아닐까?"

"그 말은 이해가 되는 것 같아요."

벨은 평소에 자신이 학교에서 느꼈던, 부자인 아이들을 볼 때
느끼던 불공평함을 떠올렸다.

"그런데 그 불공평하다고 느끼는 감정이 '사실은 나만은 이
득을 보고 싶다'는 생각을 낳기도 한단다. 그게 위험한 거야."

"그래서 평등나라에서는 모두에게 공평한 사회를 만들려고
노력하는 것이고요."

"그렇단다."

"하지만 사람의 마음까지 평등하게 만들 수 있을까요?"

"신은 우리를 평등하게 만드셨단다. 그런데 사회가 우리를
불공평하게 만드는 게 아닌가 싶구나."

문득 창으로 눈길을 돌리니 벨의 방에서 쿠가 보고 있는 것
과 똑같은 '망월'이 빛나고 있었다.

아침이 밝아 오자 벨은 마 할머니에게 인사를 하고 집을 나
섰다. 벨이 떠나기 전 마 할머니는 그녀를 꼭 안아 주었다.

"조심히 돌아가렴."

"할머니도 건강하세요. 분명 또 만날 수 있을 거예요."
그렇게 말하고 벨은 숲을 향해 달려갔다.

3장
혁명

두 사람은 약속대로 날이 밝기 전에 국경선으로 돌아왔다. 그리고 철벽에 뚫린 구멍을 찾았다.

"야옹."

갑자기 로스가 뛰기 시작했다. 구멍이 있던 장소를 기억하는 것 같았다. 쿠는 로스를 따라갔다.

"여기다!"

쿠가 소리치자 벽 너머에서 벨의 목소리가 들렸다. 벨도 구멍 근처에 있었던 모양이다.

"쿠니?"

벨과 쿠는 구멍으로 얼굴을 내밀었다. 벨이 쿠가 있는 쪽으로 건너왔고 둘은 말없이 서로를 부둥켜안았다. 둘 사이에 여러 생각이 지나가는 듯했다.

두 사람은 벽에 기대어 이야기를 나누었다. 둘 다 하고 싶은 말이 있었기 때문이다. 그것은 벨과 쿠가 지난밤에 생각했던 이야기, 그러니까 전설에 관한 것이었다.

"자유나라는 어땠어?"

벨이 물었다.

"평등나라와는 전혀 달랐지만, 자유롭게 일을 고를 수 있다든가 모두가 내일을 기대하면서 하루를 보내는 건 멋있다고 생각해. 맞다, 렌이 여기저기 소개해 줬어."

"좋은 애지?"

"응. 엄청."

쿠는 그렇게 대답하고 나서 아차 싶었다. 어쩌면 벨이 렌을 좋아할지도 모른다고 생각했기 때문이다. 그때 벨은 렌이 늘 하고 다니던 목걸이가 쿠의 목에 걸려 있는 것을 보았다. 쿡쿡. 벨은 웃으며 말했다.

"그렇구나. 괜찮아. 나랑 렌은 그냥 소꿉친구야."

쿠의 생각을 읽은 것 같았다.

"그런데 평등나라는 어땠니?"

쿠는 화제를 돌리기 위해 물었다.

"마 할머니께서 극장에 데려가 주셨어. 확실히 다들 행복해 보이기는 했지만…… 뭐랄까, 뭔가를 참고 있는 것처럼 보이기도 했어. 사실은 다들 좀 더 자유로워지고 싶은 게 아닐까 하는 생각이 들었어. 아니야?"

"그럴지도 몰라."

"아, 오해하지 마. 평등나라에도 좋은 점이 있었어. 거지도 없고. 자유나라에는 엄청 많지?"

"응. 확실히 두 나라 모두 좋은 점과 나쁜 점이 있어."

쿠의 말에 두 사람은 거의 동시에 같은 말을 내뱉었다.

"전설……."

"혹시 꿈의 나라 이야기야?"

벨은 놀라서 쿠에게 물었다.

"제이 할아버지가 이야기해 주셨어."

"나도 마 할머니께 들었어."

"할머니한테? 그렇구나. 그럼 진짜일지도 모르겠네."

"저기…… 있잖아, 쿠. 난 전설이 진짜가 되었으면 좋겠어."

"뭐?"

"우리 둘이 자유나라랑 평등나라를 다시 한 번 하나로 되돌리는 거야. 그리고 꿈의 나라를 만드는 거지."

"그건 말도 안 돼."

고개를 숙이는 쿠를 강렬한 눈빛으로 바라보면서 벨은 말을 이었다.

"들어 봐, 쿠. 세상에는 두 종류의 사람이 있어. 불가능하다고 생각하는 것을 해내는 사람과 그렇지 않은 사람."

"나는······."

쿠의 대답을 막듯이 벨은 말을 계속했다.

"너도 불가능한 걸 해내는 사람이야. 자유나라를 보고 넌 어떤 생각이 들었어?"

사실 쿠도 자신의 나라를 바꾸고 싶다고 생각했다. 하지만 용기가 나지 않았다.

"나는 못해."

"쿠, 너는 자신을 가두던 껍데기를 깨고 자유나라로 갔잖아. 이제 더 이상 이전의 네가 아니야. 넌 할 수 있어."

깜깜한 쿠의 마음에 한 줄기 빛을 비추듯 벨은 눈을 반짝이며 쿠를 바라보았다. 여러 생각이 쿠의 머릿속을 스쳤다. 평등나라의 현실, 자유나라에서 본 새로운 세상, 마음속에 움트기 시작한 새로운 생각······.

쿠는 언제나 자신의 생각을 숨기고 남들에게 맞춰 살아왔다. 하지만 사실은 좀 더 다른 사람에게 도움이 되고 싶었고 자기 생각을 말하고도 싶었다. 지금까지는 그런 생각을 남몰래 그림책으로 그려 서랍 안에 넣어 두기만 했다. 벨은 그런 쿠의 생각을 서랍 깊은 곳에서 꺼내려고 했다.

"알았어. 해 볼게."

긴 침묵 끝에 쿠는 대답했다. 그리고 다시 한 번 약속했다. 나라를 바꾸자는 엄청난 약속을.

　　　　　　　　　* * *

　자유나라에 돌아온 벨은 제이 할아버지와 렌에게 자신이 본 것을 모두 이야기했다. 마 할머니에게 들은 전설과, 자신과 쿠가 각자의 나라를 바꾸기로 결심한 것도. 제이 할아버지는 조금 놀란 것 같았지만 벨과 쿠야말로 전설을 현실화할 수 있는 아이들이 아닐까 생각하는 듯했다.

　그 후부터 벨은 매일매일 자유나라 이곳저곳을 바삐 돌아다니며 사람들에게 자유의 좋은 점과 나쁜 점, 평등의 좋은 점과 나쁜 점을 설명했다. 다행히도 자유나라에서는 언론의 자유와 집회의 자유가 있었기 때문에 자신의 생각을 말하는 것은 그리 어려운 일이 아니었다. 벨은 자유나라의 좋은 점과 평등나라의 좋은 점만을 모아 꿈의 나라를 만들자고 이야기했지만 당연히 처음에는 아무도 귀를 기울이지 않았다.

　그러던 어느 날, 늘 그랬던 것처럼 벨은 광장에서 필사적으로 연설을 하고 있었다. 렌도 손수 만든 전단지를 나누어 주며 벨을 도왔다.

　"자유와 평등의 좋은 점을 받아들여 격차 없는 꿈의 나라를 만듭시다."

　벨이 그렇게 외치자 지나가던 나이 많은 회사원이 다가왔다.

　"이봐, 학생. 이 세상에서 가장 이해하기 힘든 게 자유와 평등

의 관계야. 알겠어? 포기하는 게 좋을 거야."

"하지만 어렵다고 해서 포기하면 문제는 영원히 해결되지 않아요. 평등은 무조건 안 된다고 할 게 아니라 그걸 잘 받아들일 수 없을지 방법을 생각해야죠."

"그 방법이라는 게 꿈같은 말이라는 거야. 대체 어떤 방법이 있다는 거지?"

"그건 모두 함께 지혜를 모으면……."

"세상을 몰라도 너무 모르는군. 현실을 좀 제대로 보라고."

남자는 그 말을 남기고 가 버렸다. 하지만 벨은 포기하지 않았다.

언젠가는 이렇게 말하는 사람도 있었다. 잘 차려입은 돈 많은 여자였다.

"평등이니 뭐니 하는데, 사람에겐 자신이 원하는 대로 살 수 있는 권리가 보장되어야 하지 않나요?"

"당신은 그래도 될지 모르죠. 하지만 저기 돈을 구걸하는 가난한 아이들을 보세요. 설마 저 아이들이 지옥으로 떨어져도 상관없다는 말씀이신가요?

"사람에게는 그럴 권리도 있는 거예요."

"그런 말도 안 되는……."

단호하게 지옥으로 떨어질 권리도 있다고 답하는 여자의 말에 벨은 충격을 받았다. 지금의 자유나라는 무언가 잘못되었다. 그런 생각을 다잡으며 벨은 다시 꿈의 나라에 대한 이야기를 계속했다.

또 어떤 때는 젊은 남자와 말싸움을 하기도 했다. 헐렁헐렁한 옷을 입고 금으로 된 장신구를 한 남자였다. 렌이 당황하여 둘 사이에 끼어들었다.

"아가씨, 평등을 주장한다는 건 세금을 걷자는 말이지?"

"세금도 필요할 때가 있어요. 다 함께 사용하는 병원은 모두가 세금을 내서 무료로 운영해야 해요."

"바보 같은 소리. 세금을 걷는 게 도둑질이랑 뭐가 다르지? 내가 번 돈은 다 내 거라고."

"하지만 그건 당신만의 노력으로 얻은 게 아니잖아요?"

"아니, 내 노력만으로 번 거야."

"노력할 수 있는 것도 다른 누군가의 덕분 아닐까요?"

"이게, 뭐가 어째?!"

핵심을 찔린 남자는 버럭 화를 내며 벨을 잡으려고 했다.

"아저씨, 폭력은 안 되죠! 경찰 부를 거예요."

렌이 옆에서 남자를 말렸다. 남자는 혀를 차며 자리를 떴다.

"렌, 고마워. 난 절대 지지 않을 거야."

여러 일이 있었지만 렌이 전단지를 나눠 주고 집회를 열 때마다 도와준 덕분에 반년이 지나자 벨의 열의를 이해해 주는 사람들이 나타나기 시작했다. "사실 나도 저 거지 아이들을 볼 때마다 안타까워서 참기 힘들 때가 많아. 학생, 힘내!" 이렇게 응원하며 말을 건네는 아줌마도 있었다. 하지만 젊은 사람들은 변함없이 무관심했다.

자유나라에는 나이가 많을수록 경쟁에 지친 사람들이 많다. 성공했음에도 안락사를 택하는 사람들도 있고, 자칫 실패하면 거지가 되는 일도 부지기수다. 때문에 자유나라에 비해 삶의 질이 비교적 고른 나라 이야기에 관심을 보이는 것이다. 하지만 젊은 사람들은 아직 경쟁에 열중하여 나라를 바꾸자는 말은 귓등으로도 듣지 않는다.

그 상황을 본 렌이 한 가지 아이디어를 냈다. 젊은 사람들에게 인기 있는 힙합 리듬에 가사를 붙여 생각을 전달하자는 것이었다. 노래를 부르거나 랩 하는 것을 좋아하는 렌은 열심히 노래를 만들었다. 그리고 젊은 사람들이 많이 모인 장소에서 노래를 불렀다.

너는 그저
달리기만 하지
메마른 사막과 달을 바라보며
빛나는

꿈을 안고

누가 뭐라고 하든 앞만 보고 달려

하지만 언젠가

지치고 힘들어

도움이 필요할 때가 올 거야

나는 그게 언제라도

너의 곁에 있다가

손을 내밀게

너에겐

죽음 대신

계속 걸어갈 의미가 있어

사람은 누군가를

이기지 않아도

살아갈 의미가 있어

사막은 매섭게

이 세상에 시련을 주지만

나는 그래, 너에게

사랑을 전하고 싶어

이 노래를 부르고 나서부터는 젊은 사람들의 반응이 달라졌다. 흥겨운 리듬에 끌렸는지 벨과 렌 주위에 모여들기 시작한 것이다. 젊은 사람들만이 아니었다. 주위에서 보고 있던 아저씨와 아줌마 들도 리듬을 즐겼다. 이렇게 벨이 시작한 작은 집회는 점점 커져 갔다.

그리고 일 년 후. 도가 지나친 자유, 빈부 격차, 차별, 넘쳐 나는 극빈자 문제에 불만을 가지고 있던 많은 사람들이 평등나라와의 통일을 외치기 시작했다.

자유나라는 조금씩 변하고 있었다.

* * *

평등나라로 돌아온 쿠도 마 할머니에게 보고 들은 것을 전부
말했다. 물론 사실은 동화 작가가 되고 싶다는 것과 그러기 위
해서 스스로 나라를 바꾸기로 마음먹었다는 것도 말했다. 쿠가
자신의 의견을 이렇게 강하게 이야기한 것은 처음이었다. 그
말을 들은 마 할머니는 벨과 쿠야말로 전설을 현실로 만들 아
이들이 아닐까 하는 생각이 들었다.

쿠는 '평등의 광장'에서 정기적으로 열리는 대집회에 참가하
여 연설하기를 반복했다. 그것이 쿠가 할 수 있는 유일한 방법
이었다. 평등나라에서는 의견이 있으면 광장의 대집회에 참여
하여 모든 사람 앞에서 연설을 했다. 그 연설을 듣고 다 같이
찬반을 정하는 것이다. 그 밖의 연설은 금지되어 있었다. 평등
을 지키기 위해서.

쿠는 자유의 좋은 점과 나쁜 점, 평등의 좋은 점과 나쁜 점을
설명했다. 그리고 자유의 좋은 점과 평등의 좋은 점을 모아 꿈
의 나라를 만들자고 외쳤다. 하지만 얌전한 성격의 쿠에게 그
것은 쉽지 않았다. 쿠가 그런 말을 할 때마다 어른들은 큰 소리
로 그 의견에 반대했다.

"평등은 물론 중요합니다. 하지만 자신의 일을 자유롭게 결정할 권리도 있다고 생각합니다. 자유롭게 경쟁하고 평등한 결과를 얻을 수 있다면 어떨까요?"

쿠의 말을 듣고 청중 한 사람이 반론을 제기했다.

"경쟁을 자유롭게 한다고 한들, 이겨도 져도 같은 결과를 얻는다면 누가 경쟁하려 하겠어? 결과가 같으면 경쟁은 필요 없는 게 아닌가?"

"하지만 자유롭게 선택하는 기쁨이 있는 한 의미는 있다고 생각합니다."

"젊은 사람들이나 그런 말에 혹하겠지. 현실과 동떨어진 이야기는 이제 질렸어."

쿠는 그 말을 듣고 단상에서 내려올 수밖에 없었다.

그래도 쿠는 그만두지 않고 매일 대집회 단상에 섰다. 다른 방법이 생각나지 않았기 때문이다. 조금 다르게 이야기를 해보기도 했다.

"평등과 자유가 공존하는 게 아무리 힘들어도 희망이 있는 한 시도할 만한 가치는 있다고 생각합니다."

언제나처럼 강하게 주장하자 또 다른 청중이 이렇게 말했다.

"희망이라고? 웃기지 마. 희망이라는 건 미래를 향해 하는 거짓말일 뿐이야."

"스스로에게 거짓말을 하는 것보다 몇 배는 나아요. 당신도 사실은 하고 싶은 일이 있지 않나요?"

"그, 그거야……."

"모두가 하고 싶은 일을 마음껏 할 수 있는 나라로 바꾸어야 합니다. 그게 사냥이든 낚시든 해야 하니까 하는 것이 아니라, 하고 싶은 것을 할 수 있는 사회를 만듭시다!"

쿠는 잡아먹을 듯 이야기하는 남자의 말을 보기 좋게 반박했다. 그렇다. 평등나라 사람들도 사실은 자유를 원하고 있었다. 쿠가 그렇듯이.

하지만 사람들은 대부분 쿠의 이야기에 귀를 기울이지 않았

다. 대집회에서는 짧은 시간 동안 많은 사람들이 이런저런 의견을 말하기 때문에 아무래도 강한 인상을 남기지 못했던 것이다.

마음이 약해질 때마다 쿠는 늘 렌이 준 펜던트를 손에 쥐고 마음을 다잡았다. 렌과 벨도 함께 노력하고 있을 거라고 믿었다. 생각을 전할 다른 방법이 있지 않을까. 쿠는 깊은 고민에 빠졌다.

그러던 어느 날, 고양이 로스가 입에 펜을 물고 왔다.

"로스, 고마워. 고민하지 말고 좋아하는 일을 하란 말이지? 그러고 보니 그림책을 안 그린 지 꽤 됐네."

'네 생각을 그림책으로 표현해 봐.' 로스는 이렇게 말하는 것 같았다. 기분 전환 삼아 쿠는 펜을 들었다.

쿠가 그린 그림책의 내용은 다음과 같다.

옛날 옛날 아주 먼 옛날, 신들의 나라에 솔과 루나라는 쌍둥이 자매가 살고 있었습니다. 둘은 언제나 함께였고 사이좋게 하늘을 산책했습니다. 하지만 둘의 성격은 정반대였습니다. 솔은 호기심이 왕성하고 자신이 하고 싶은 것은 무엇이든 해야 직성이 풀렸습니다. 반대로 루나는 말수가 적고 얌전하며 언제나 다른 사람들에게 맞춰 주었습니다.

어느 날, 서로 절대 양보할 수 없는 일이 생겼습니다. 둘 중 누가 더 사람들에게 도움이 되는지를 두고 싸움이 일어난 거예요. 솔은 쾌활한 성격이라서 모두를 자유롭게 할 수 있다고 말했습니다. 루나는 배려심이 많은 성격이라서 모두를 평등하게 할 수 있다고 말했죠.

그 바람에 둘은 크게 싸우고 급기야 따로 살게 해 달라고 신에게 부탁했습니다. 신은 두 사람이 따로 사는 것을 허락해 주는 대신 다시는 서로 만날 수 없을 거라고 했습니다. 그렇게 둘은 서로 마주칠 일 없는 머나먼 곳으로 떨어지고 말았습니다. 그리고 이제 두 번 다시는 하늘을 함께 산책할 수 없게 되었습니다.

처음에는 솔도 루나도 즐거운 나날을 보냈습니다. 솔은 그래도 자유롭게 하늘을 날아다닐 수 있을 거라고 생각했어요.

루나도 자기 멋대로만 하는 솔을 신경 쓰지 않고 느긋하게 지낼 수 있을 거라고 생각했죠.

하지만 시간이 조금 지나자 곤란한 점이 있다는 걸 깨달았습니다. 솔은 자유롭게 하늘을 날아다녔지만 늘 혼자였습니다. 루나처럼 자신을 배려해 주는 사람도 없었고요. 루나는 솔이 이끌어 주지 않으니 한 발짝도 밖으로 나갈 일이 없었습니다. 사이좋은 쌍둥이였던 두 사람은 별것도 아닌 일로 싸운 걸 후회했답니다. 냉정하게 생각해 보면 자유로워지는 것과 평등해지는 것 둘 다 사람들에게 도움 되는 일이니까요.

솔과 루나는 예전 생활로 돌아가고 싶었지만 신은 허락해 주지 않았습니다. 둘은 어떻게 하면 다시 만날 수 있을지 필사적으로 생각했습니다. 생각 끝에 솔은 자유롭게 날아다니는 것을 조금 참기로 했고, 루나도 조금은 자신이 하고 싶은 대로 다녀 보기 시작했습니다. 그러자 어떻게 된 일인지 둘 사이의 거리가 점점 줄어들었고, 두 사람은 마침내 다시 만날 수 있게 되었습니다. 두 사람이 다시 만난 순간, 둘은 완전히 겹쳐졌습니다. 그 모습을 본 주위 사람들이 깜짝 놀랐답니다.

전보다 사이가 더 좋아진 솔과 루나는 즐겁게 산책했습니다. 하늘을 한번 올려다보세요. 당신도 솔과 루나가 다정하게 산책하는 모습을 볼 수 있을지 모르니까요.

완성된 그림책에는 지금 쿠가 하고 싶은 이야기가 그대로 담겼다.

"그래, 이거야! 이 이야기를 사람들에게 들려주면 되겠다!"

　평등나라에서 개인적인 집회는 금지되어 있지만 책을 읽어 주는 것은 그렇지 않았다. 아이들에게 책을 읽어 주는 일은 오히려 장려되었다. 그리고 그림책을 읽어 주는 자리에는 부모님들도 함께 올 것이다.

　그림책을 읽어 주는 좋은 행사가 있다는 것이 사람들의 입소

둘은 언제나 함께했고
사이좋게 하늘을
산책했습니다.

문을 타고 평등나라 전체로 퍼져 나갔다. 책을 읽어 주는 쿠의 목소리는 크지 않았기 때문에 듣는 사람이 늘어나자 뒤쪽까지 소리가 잘 들리지 않았다. 그러자 앞사람이 뒷사람에게 말을 전하는 게임처럼, 사람들은 입에서 입으로 이야기를 전달했다. 쿠의 말을 주위에 있는 사람들이 큰 소리로 따라 하고, 그 소리가 닿는 끝자리에 있는 사람들이 다시 같은 말을 따라 했다.

그렇게 호수에 동그란 파문이 일듯 여기에서 저기로 이야기가 퍼져 나갔다. 말하자면 그것은 많은 사람들로 이루어진 인간 마이크 같았다. 반년이 지났을 무렵, 쿠는 유명 인사가 되었다.

쿠가 그린 그림책 이야기는 누가 들어도 자유나라와 평등나라를 떠오르게 했다. 쿠의 의견에 찬성하는 사람들이 점점 늘어났다. 두 나라가 다시 처음처럼 하나의 나라가 되어야 한다는 의견도 늘어났다. 그리고 쿠가 그린 그림책의 제목은 '혁명'이라는 암호로 눈 깜짝할 사이에 사람들의 입을 통해 퍼져 나가기 시작했다.

이렇게 평등나라에는 변화가 시작되었다.

4장
꿈의 나라

　자유나라에서도 평등나라에서도 꿈의 나라를 만들려면 전해 내려오는 이야기대로 두 나라가 하나가 되어야 한다는 목소리가 높아졌다. 하지만 누가 상대 나라에 이 의견을 전할 것인지가 문제였다. 두 나라 사이에는 말을 전할 수단이 없었다.

　벨도 쿠도 몇 번이나 국경선 근처의 벽까지 가 보았지만 예전의 구멍은 이미 지름 20센티미터 정도로 줄어들어 있었다. 노래를 불러 봐도 소용없었다. 양쪽에서 함께 노래를 불러야 하는 건지도 모른다. 벨과 쿠가 우연히, 그리고 조용히 노래를 불렀던 것처럼. 하지만 벨과 쿠가 동시에 그 장소에 오는 것은 쉬운 일이 아니었다.

　게다가 만약 벨이나 쿠 중 한 명이 상대 나라에 들어갈 수 있다고 하더라도 다른 사람에게 들키거나 붙잡힐지도 모른다. 상대 나라가 지금 어떤 상태인지는 전혀 알 수 없었다. 벨은 당연히 쿠가 평등나라 사람들의 생각을 바꾸었을 거라고 믿고 있었고, 쿠도 벨이 자유나라가 변할 수 있도록 열심히 뛰고 있을 거라고 믿고 있었지만.

고민하던 쿠는 고양이 로스에게 모든 걸 맡겨 보기로 했다. 로스라면 지름이 20센티미터밖에 안 되는 구멍이라도 들어갈 수 있다. 게다가 동물이므로 국경선을 넘어도 불법 침입이라는 의심을 피할 수 있을 것이다. 무엇보다 쿠 말고 벨이 있는 곳을 아는 것은 로스뿐이다. 쿠는 로스가 무척 걱정되었지만 다른 선택지가 없었다.

동물이기는 하지만 로스는 사람 말을 알아듣는 특별한 고양이다. 쿠는 로스의 목에 작게 접은 편지를 걸어 주며 벨에게 전해 달라고 부탁했다. 쿠는 편지에 쓴 날에 벨이 국경선으로 와 주길 바란다는 내용을 적었다. 자유나라에서도 평등나라와 하나가 되기를 바라는 사람이 많아졌을 것이라고 믿으며. 그리고 많은 사람들이 한자리에 모이면 하나가 되는 방법을 함께 이야기할 수 있지 않을까 하고 생각했다.

"로스, 모든 게 너에게 달렸어. 하지만 조심해야 해."

벽에 난 작은 구멍 앞에서 쿠는 걱정과 희망을 담아 몇 번이고 로스를 쓰다듬었다. 로스는 쿠의 말을 잘 알았다는 듯이 '야옹' 하고 울더니 구멍으로 들어갔다.

쿠는 눈을 감고 양손을 가슴에 모으고 기도했다. 로스가 무사히 벨을 찾아가서 편지를 전하기를. 그리고 자유나라도 평등나라처럼 꿈의 나라를 만들고자 하는 마음이 한데 모아졌기를.

* * *

로스는 하염없이 달렸다. 정말 머리가 좋은 신비한 고양이인지 길도 완전히 외우고 있었다. 숲을 지나 이윽고 사막이 보이자 로스는 마을을 단숨에 빠져나왔다. 드디어 제이 할아버지가 살고 있는 빨간 지붕 집을 찾았다. 쉬지 않고 단숨에 달려온 탓에 도착했을 때는 몸이 후들후들 떨렸지만 있는 힘을 다해 '야옹' 하고 울었다. 소리를 들은 제이 할아버지가 밖을 내다봤다.

"아니, 로스 아니냐? 벨, 로스가 왔다."

마침 제이 할아버지 집에 와 있던 벨과 렌이 허겁지겁 밖으로 나왔다.

"로스! 쿠도 같이 온 거야?"

벨의 물음에 로스는 천천히 고개를 저었다. 그 모습을 보던 렌이 로스의 목에 걸린 편지를 발견했다.

"벨, 이거 봐. 편지가 묶여 있어. 분명 쿠가 보낸 걸 거야."

두 사람은 서둘러 작게 접힌 편지를 펼쳤다. 손바닥만 한 종이에는 작은 글씨가 적혀 있었다.

112

벨, 렌 그리고 제이 할아버지, 다들 잘 지내시나요? 이 편지를 읽고 있다면 그건 로스가 무사히 편지를 전달했다는 뜻이겠죠? 평등나라로 돌아온 후, 저는 그림책을 그려서 사람들에게 읽어 주며 사람들에게 꿈의 나라를 이루자는 생각을 전했습니다. 그리고 드디어 자유나라와 평등나라를 하나로 만들자는 목소리가 높아졌어요. 다음 달 초승달이 뜨는 새벽, 가능한 한 많은 사람들을 데리고 국경선 근처로 와 주세요. 벽은 있지만 두 나라 사람들이 모여서 뭐든 함께 이야기할 수 있으면 좋겠습니다.

평등나라의 친구 쿠

편지를 읽자마자 벨은 답장을 썼다. 반드시 가겠다고. 벨은 쿠가 했던 것처럼 편지를 접어서 로스의 빨간 목걸이에 묶었다.

"로스, 하루 쉬었다 가."

벨이 로스를 안아 올리며 말했다. 로스도 쉬고 싶었지만 그럴 수 없다고 생각한 모양이었다. 로스는 편지가 얼마나 중요한 것인지 안다는 듯 벨의 품에서 뛰어내려 다시 숲으로 향했다.

"로스!"

자신을 부르는 벨을 돌아보지도 않고 로스는 그저 달리기 시작했다. 무사히 자유나라의 숲을 지나고 벽의 구멍을 빠져나와 평등나라의 숲으로 향했다.

그런데 숲에 발을 들인 순간 갑자기 하늘이 어두워지더니 심한 폭풍우가 몰아쳤다. 로스는 편지가 젖지 않도록 잠시 비를 피하기로 했다. 큰 나무 그루터기에 앉아 비가 그치길 기다렸다. 그러자 쉬지 않고 달렸던 탓에 피곤함과 평등나라로 돌아왔다는 안도감에 잠이 들고 말았다.

잠에서 깼을 때는 한밤중이었다. 로스는 당황스러웠다. 무언가가 로스 주변을 서성이고 있었다. 밤이 되면 이 숲에는 굶주린 하이에나들이 나타난다. 로스는 하이에나의 기척을 느낄 수 있었다. 어둠 속에서 반짝이는 노란 눈이 적어도 여섯 개…… 세 마리는 되는 듯했다. 게다가 확실하게 로스를 노리고 있었다.

로스는 죽을힘을 다해 나무 위로 올라가려고 했다. 그 순간 하이에나들이 덮쳐드는 바람에 로스는 저도 모르게 반대쪽으로 도망쳐 버렸다. 달리기에는 자신 있었다. 하지만 하이에나들도 온힘을 다해 쫓았다. 로스는 어두운 숲속에서 어디로 도망쳐야 할지 알 수 없었다. 하이에나 한 마리가 로스의 꼬리까지 따라붙었다.

그 순간 로스의 눈앞에 낭떠러지가 펼쳐졌다. 이대로 가다간 끝이다. 하지만 계속 달리는 수밖에 없었다. 로스는 눈을 감고 낭떠러지로 뛰어내렸다. 하이에나는 낭떠러지 위에서 멈춰 서서 더 이상 따라오지 못했다.

꽤나 높은 낭떠러지였다. 로스는 마치 자신이 하늘을 날고 있는 듯한 느낌에 사로잡혔다. 곧이어 충격이 온몸을 덮쳤다. 나무 위에 떨어진 모양이다. 불행 중 다행으로 땅에 그대로 떨어지지는 않았지만 로스는 정신을 잃고 말았다.

얼마나 지났을까. 정신을 차렸을 때는 이미 아침이었다. 로스는 키 작은 나무 덤불에서 천천히 땅으로 내려왔다. 걸을 수는 있었지만 몸에 큰 충격을 입어서인지 한쪽 다리가 제대로 움직이지 않았다. 이제 전처럼 달릴 수는 없었다.

게다가 로스는 지금 자신이 어디에 있는지도 알 수 없었다. 하이에나들에게 쫓기고 낭떠러지에서 떨어지는 바람에 방향감

각을 잃은 것이다. 그렇지만 반드시 돌아가야 했다. 쿠에게 편지를 전달하기 위해. 어디로 가야 할지 모르는 채로 로스는 숲속을 헤맸다. 몸이 제대로 움직일 수 없으니 먹이도 구할 수 없었다. 점점 몸에 힘이 빠졌다. 결국 로스는 그날 밤 길을 헤매다 쓰러지고 말았다. 의식이 점점 흐려졌다.

며칠이 지났는데도 로스가 돌아오지 않자 쿠는 몹시 걱정되어 매일 밤 달을 보며 기도했다. 로스가 무사히 돌아오게 해 달라고. 그날 밤 쿠는 노래를 불렀다. 자장가 대신으로 로스에게 자주 불러주던 노래였다.

밤의 장막이 내렸으니
당신은 조용히
잠들면 된답니다
아침의 막이 오르기 전까지
행복한 꿈을 꾸어요
내 몫까지
내가 당신을
지켜보고 있을게요

그때 신기한 일이 벌어졌다. 노랫소리가 들릴 정도로 가까이 있는 것도 아니었는데, 의식이 흐려져 가는 와중에도 로스의 귀에 쿠의 노랫소리가 들렸다. 로스는 눈을 떴다. 그리고 마지막 남은 힘을 다해 일어나 다시 걷기 시작했다.

정말이지 더 이상 걸을 힘이 하나도 남아 있지 않았다. 하지만 쿠의 노래가 로스를 이끌었다. 달빛도 두 사람을 도왔다. 정신은 몽롱했지만 노랫소리와 달빛에 이끌려 로스는 계속 걸었다. 그리고 새벽녘 안개비가 내리기 시작할 즈음 로스는 쿠가 있는 곳에 도착할 수 있었다.

"야옹."

로스는 힘없이 울고는 집 앞마당에 주저앉았다. 한밤중에 창밖을 바라보고 있던 쿠는 로스가 돌아왔다는 것을 금방 눈치챘다.

"로스! 돌아왔구나. 지금 갈 테니 기다려!"

쿠는 밖으로 뛰어나갔다.

하얗고 깨끗하던 로스의 털은 엉망진창이었고 떠나기 전 모습의 절반밖에 안 될 정도로 야윈 데다 발은 피투성이였다.

"로스, 정말 고마워. 정말 잘 다녀왔어. 혼자 무서웠지? 미안……."

쿠는 눈물을 흘리며 로스를 있는 힘껏 껴안았다. 로스가 얼마나 위험한 길을 거쳐 여기까지 왔는지 엉망이 된 로스의 모습을 보고 알 수 있었다. 로스는 집으로 돌아와 안심이라는 듯 쿠

의 뺨을 살짝 핥았지만 이내 온몸의 힘이 빠진 것처럼 축 늘어졌다.

"로스, 괜찮니?"

로스는 반응이 없었다. 분명 마지막 힘까지 다해 왔을 것이다. 하이에나에게 공격을 받아 상처 입고, 밥도 못 먹고, 쉬지도 못하고. 쿠를 위해 아니, 꿈의 나라를 위해. 그리고 로스는 그대로 쿠의 품 안에서 죽음을 맞이했다.

"로스, 로스! 안 돼……. 죽지 마!"

쿠는 몇 시간 동안이나 울며 소리쳤다. 로스의 목줄에 묶여 있던 벨의 답장을 꽉 쥐고 쿠는 로스를 위해서라도 반드시 꿈의 나라를 만들어 보이겠다고 맹세했다.

아침부터 내리기 시작한 비는 얼음 가루처럼 얼어붙었다. 아침 해가 비추는 부분은 마치 다이아몬드처럼 반짝거렸다. 마치 로스를 천국으로 안내하는 계단처럼 보였다.

드디어 약속한 초승달이 뜨는 새벽이 밝았다. 자유나라, 평등나라 양쪽 모두에서 사람들이 모였다. 천천히 발걸음을 옮기며 높게 치솟은 철벽을 따라 두 나라의 사람들이 마주 섰다. 쿠와 벨은 몇 번이고 구멍을 확인했지만 이미 완전히 닫혀 있었다.

"벨! 내 말 들리니?"

쿠가 소리쳤다.

"쿠! 들려. 렌이랑 제이 할아버지도 와 있어."

"이 벽을 어떻게든 해야 함께 이야기할 수 있겠어."

쿠가 그렇게 말하자 덩치 좋은 남자 몇 명이 나오더니 벽을 밀었다. 하지만 철벽은 꿈쩍도 하지 않았다.

"그래, 벨! 노래야. 노래를 부르자."

"알았어."

벨과 쿠는 예의 그 노래를 부르기 시작했다. 두 사람이 처음 우연히 만났을 때 불렀던 노래. 아마 그 노래가 갖는 불가사의한 힘이 철벽을 녹인 게 아닐까. 두 사람은 기적을 믿으며 한 번 더 노래를 부르기 시작했다.

두 사람의 맑고 고운 목소리가 조용한 초원에 울려 퍼졌다. 사람들도 두 사람을 따라 노래를 불렀다. 자유나라에도 평등나라에도 예전부터 전해 내려오는 민요라 모두가 알고 있었던 것이다. 노래는 합창이 되었다. 두 나라의 노래는 후렴 부분만 음이 달라 아름다운 이중창이 되었다.

하늘은 하나

해님과 달님

길 잃은 이가

뒤집혀

겹쳐질 때

영원히 빛나리

그때였다. 벽이 조금 변하기 시작했다. 마치 달구어진 프라이팬에 올려놓은 얼음처럼 녹기 시작한 것이다. 두 나라 사람들은 놀라 노래를 멈추었다. 그러자 벽은 더 이상 녹지 않았다.

"노래, 계속 노래를 불러!"

누군가 소리쳤다. 다들 필사적으로 노래를 계속 불렀다.

하늘은 하나

해님과 달님

길 잃은 이가

뒤집혀

겹쳐질 때

영원히 빛나리

아름다운 하모니가 계속해서 초원에 울려 퍼졌다. 벽이 녹고 건너편 풍경이 보이기 시작했다. 아직 머리 부분은 보이지 않았다.

"한 번 더!"

"포기하지 마."

몇 명이 외쳤다. 눈물을 흘리는 사람도 있었다. 다들 목소리를 쥐어짜듯 노래를 계속했다.

그때 신기한 일이 일어났다. 낮인데도 불구하고 갑자기 사방이 깜깜해진 것이다. 아무것도 보이지 않았다. 아무래도 벽이 사라져 하나가 된 하늘 위에 해와 달이 겹쳐진 모양이었다. 개기일식이었다.

영문을 모르고 우왕좌왕하는 사람들 사이에서 제이 할아버지가 무언가 깨달았다는 듯 소리쳤다.

"그렇군! 그런 거였어. 하나의 하늘에 해와 달이 겹쳐질 때 길 잃은 고양이를 통해 두 나라가 뒤집혀 하나가 된다. 그리고 영원히 빛난다. 노래 가사 그대로구나!"

그제야 다들 노래의 의미를 깨달은 듯했다. 그리고 노래를 계속했다.

시간이 조금 흘러 달이 해로부터 비켜나자 주위가 밝아졌다. 그 순간 벽이 완전히 사라졌다.

"벽이 없어졌어!"

"우와."

"해냈다!"

여기저기서 함성이 터져 나왔다. 벨과 쿠는 가장 먼저 달려가 서로를 부둥켜안았다. 오랜 시간 떨어져 있었던 쌍둥이 자매가 다시 만난 것 같았다. 뒤를 이어 두 나라 사람들은 하나둘 상대

나라로 달려가 서로를 격려했다. 쿠는 렌도 부둥켜안았다. 그리고 제이 할아버지도. 벨은 마 할머니와 다시 만난 기쁨을 나누었다.

사람들은 벽이 사라진 초원 위에 동그랗게 둘러앉았다. 그리고 어떻게 하면 자유나라와 평등나라가 함께할 수 있을지 이야기 나누기로 했다. 몇 백 명이 넘는 사람들이 두 사람을 둘러싸고 앉았다. 쿠는 사람들에게 그림책을 읽어 줄 때처럼 뒤에까지 이야기가 전해지도록 인간 마이크가 되어 달라고 제안했다. 이야기를 전달하는 게임 같은 방식이라면 전원이 이야기에 참

여할 수 있을 것이다.

"정말 꿈의 나라를 만들 수 있을까?"

자유나라 사람이 소리쳤다.

"꿈의 나라를 만드는 재료가 지금 여기에 있다고 생각하면 어떨까요?"

쿠가 의젓한 표정으로 대답했다.

"말로는 쉽지만 역사는 변하지 않을지도 몰라."

이번에는 평등나라 사람이 외쳤다.

"하지만 미래는 변할 거예요."

벨이 강한 말투로 대답했다.

"하지만 난 역시 자유가 좋아."

자유나라의 다른 사람이 말했다.

"해가 좋은 사람도 있고 달이 좋은 사람도 있을 거예요. 하지만 우리에겐 둘 다 필요합니다."

렌이 대답했다.

"하긴 낮이든 밤이든 없으면 곤란하지."

이렇게 자유나라 사람들과 평등나라 사람들은 의논하기 시작했다.

"평등하면 의욕이 생기지 않잖아."

"물건을 똑같이 나누어 주는 것이 평등의 전부가 아닙니다."

"뭐든지 할 수 있는 기회가 있다는 게 중요하죠."

"자유란 그 무엇을 할 수 있다는 말이야."

"그 할 수 있는 게 평등하지 않으면 안 된다고."

"인간에게 욕심이 있는 한 평등해질 수 없어요. 경제적 수준이 낮은 쪽에 맞춰야만 하니까 힘들어지는 거라고 생각해요."

"자유는 결국 사람들 간에 차이를 만들잖아."

"분명 차이는 생기지만 자유롭게 일할 수 있어서 사회 전체가 풍요로워지면 가난한 사람도 어느 정도 생활은 가능해질 겁니다. 하지만 평등나라처럼 평등하지만 모두 가난해진다면 그게 무슨 의미가 있습니까? 대체 무엇을 위한 평등입니까?"

"맞는 말이야. 그러니 자유가 좋은 거라고."

처음에는 두 나라 사람들 모두 각자 자기 나라의 좋은 점을 말하기 바빴다. 그러던 중 자유나라 사람이 이런 말을 꺼냈다.

"물론 자유도 중요하지만 나는 다른 사람과 차이가 벌어지는 게 싫어."

그러자 평등나라 사람도 말했다.

"평등은 중요하지만 열심히 일한 만큼 보상이 있었으면 좋겠어."

듣고 있던 제이 할아버지가 입을 열었다.

"그럼 열심히 한 사람은 그만큼의 보상을 받고, 엄청난 차이가 벌어지지 않도록 하면 되는 겁니까?"

그 말을 듣고 누군가가 되물었다. 그리고 또다시 의논이 시작되었다. 하지만 이제는 다들 자기 나라의 입장에서 이야기하는 것이 아니라 각자의 기분을 솔직하게 말하기 시작했다.

"그래서 평등나라에서는 사람들 간에 차이가 벌어지지 않도록 다양한 제도를 두고 있습니다."

"정말 힘든 사람들만 도와주는 방법도 있지 않나요?"

"맞아. 힘들어하는 사람들은 도와줘야지."

"왜죠?"

그때까지 조용히 듣고 있던 마 할머니가 말했다.

"다 함께 사는 세상이기 때문 아닐까요? 가족 중 누군가 힘들어하면 도와주는 것처럼요."

마 할머니는 그렇게 말하면서 쿠를 바라보았다.

"가족과 나라는 다르죠."

"그럴까요? 한 나라에서 모두가 같이 사는 거잖아요."

"그건 그렇다고 해도 강제당하는 건 싫소."

"강제가 아니라면요?"

갑자기 무언가 생각난 듯이 쿠가 끼어들었다.

"원래 자유나라에서도 물건을 주는 건 자기 마음이잖아요."

벨이 덧붙였다.

"스스로 주면 되는군."

누군가 말했다.

"주면 되지."

"남을 생각해 주는 거로군."

"우애 같은 거야."

"배려야……."

사람들은 아주 예전에 잊고 있었던 것을 기억해 내듯이 말을 주고받았다. 그리고 이번에는 무언가를 '준다'는 말의 의미에 대해 의논하기 시작했다.

"기본적으로는 자유롭지만 남에게 줌으로써 평등해진다면 그 사람도 자유를 누릴 수 있게 될 거예요."

"하지만 받으면 돌려줘야 하지 않겠습니까?"

"그건 절대 의무가 아니에요."

"하지만 남에게 뭔가를 받으면 보통은 돌려주고 싶어지지 않나요?"

"준 사람이 엄청 부자라서 돌려받을 필요가 없으면요?"

"그 사람에게 돌려주지 않아도 힘들어하는 다른 사람에게 주면 되죠. 마음을 담아서 말입니다. 그러면 기분 좋잖아요?"

"확실히 감사 인사를 받으면 그것만으로도 기쁘죠."

이야기가 무르익었을 때 쿠가 일어나서 말했다.

"저는 이번 일을 통해 깨달은 게 있답니다. 다른 사람에게 도움이 되는 일을 하면 살아 있다는 느낌이 든다는 거예요. 모두가 그렇게 느끼지 않을까 합니다."

벨도 일어서서 말했다.

"아까 다 같이 노래 부르면서 힘을 합쳤잖아요. 그렇게 다른 사람과 힘을 모으면 어떤 어려운 일도 해낼 수 있어요. 그게 '준다'는 것 아닐까요?"

"그건 힘을 준다는 말인가요?"

누군가가 물었다.

"아니요. 마음을 주는 거예요. 그리고 물론 자신이 받을 때도 있고요."

그리고 벨과 쿠는 두 사람이 모두의 목소리를 대신하듯이 말했다.

"자유롭지만 평등할 수 있도록 스스로 나서서 서로 나눕시다."

"십시일반 같은 거로군."

제이 할아버지의 말에 렌이 물었다.

"십시일반?"

"십시일반이라는 건 어떤 나라에 옛날부터 전해져 온 말이란다. 자신의 일뿐 아니라 다른 사람의 일도 생각하며 힘들 때 서로 나서서 돕는 거지."

"다른 사람과 나를 똑같이 생각하는 거면 평등나라에는 딱 들어맞네."

"게다가 자유롭게 도와주고 싶으면 도와주는 것이기도 하니, 자유나라와도 맞아."

"그렇소. 자유만도 아니고 평등만도 아니지. 서로 힘든 일이 있을 때 돕는다는 마음이 중요한 거요."

제이 할아버지가 정리했다.

"십시일반이 자유와 평등을 이어 주는 말이네요."

벨과 쿠가 말하자 누구랄 것도 없이 목소리를 높였다.

"자유, 평등, 십시일반!"

모두의 목소리가 함성이 되었다. 그 함성이 언제까지고 끊이지 않고 퍼져 국경선이었던 곳은 기쁨으로 가득 찼다.

영원한 이야기

벌써 해가 지고 주위는 창백한 달빛으로 차올랐다. 모닥불 옆에 앉은 할아버지가 아이들에게 이야기를 해 주고 있다.

"……이렇게 해서 꿈의 나라가 만들어진 거란다."

할아버지가 그렇게 이야기를 마치며 아이들에게 들려주었던 이야기책을 '탁' 하고 덮었다.

"우와, 재미있어요."

아이 한 명이 말했다. 다들 같은 마음인 모양이다.

"그러니? 이야기해 준 보람이 있구나."

할아버지는 빙긋 웃었다.

"할아버지, 벨과 쿠는 어떻게 됐어요?"

다른 아이가 물었다.

"아, 그건……."

그때였다. 누군가 달려왔다.

"할아버지, 역시 여기 계셨군요. 옆집 아이가 열이 높아요. 같이 가 주실 수 있을까요?"

할아버지는 마을의 의사이기도 했다.

"물론이지. 앞장서게."

그렇게 말하며 일어서는 할아버지에게 아직 흥분이 가시지 않았는지 아이가 매달렸다,

"렌 할아버지, 좀 더 이야기해 주세요."

"오늘은 여기까지 하자꾸나. 병원에 돌아가서 열이 난 아이를 돌봐야 한단다. 게다가 오늘은 이 책 말고는 다른 책을 가져오지 않았어."

그렇게 말하며 렌 할아버지가 내민 오래된 책의 표지에는 큰 글씨로 이런 제목이 적혀 있었다.

'혁명'

자유와 평등에 대해 생각하기 위한 힌트

　이 책을 펼쳐든 너는 지금 몇 살일까? 벨과 쿠처럼 열다섯 살 정도도 되려나? 아니면 고등학생? 어쩌면 사회에 나와 이런저런 모순에 부딪히며 처음으로 '자유'와 '평등'에 대해 생각하게 됐을 수도 있겠구나.

　역사를 배운 너는 '자유와 평등의 싸움에서 자유가 이겼다는 것을 이미 역사가 증명하지 않았'냐고 생각할지도 몰라. 확실히 미국을 중심으로 한 자본주의 제국과 소련을 중심으로 한 사회주의 제국이 대립했던 냉전시대는 20세기 말 소련의 붕괴와 함께 끝이 났지. 하지만 그것이 진정 자유의 승리라고 할 수 있을까?

　이 책을 쓰고 있는 지금, 한국은 자유나라에 가까워. 경제력의 기준이 되는 GDP 순위로만 본다면 15위권 안에 드는 경제

강국이란다. 하지만 한편으로 소득 불평등이 점점 심해지고 있어. 특히 한국의 노인 불평등은 OECD 국가 중 제일 심하단다. 그야말로 자유나라의 모순이라고 할 수 있지.

2014년, 프랑스 경제학자 토마 피케티(Thomas Piketty)의 《21세기 자본》이 출간되어 전 세계적으로 큰 화제였단다. 제목으로 봐서는 사회주의의 바이블이라 불리는 칼 마르크스(Karl Heinrich Marx)의 《자본론》을 떠올리게 하는 책이야. 피케티는 과거 3세기에 걸친 방대한 데이터를 근거로 자본주의 사회에서 부의 집중, 즉 빈부 격차의 확대는 필연적이라고 말하지. 물론 한국도 예외는 아니야. 피케티는 세계적으로 부자 증세를 제안한단다.

이건 마치 평등나라를 이상으로 보고 있는 듯해. 과연 이 제안이 자유나라의 모순을 해결할 수 있을까? 사람들의 의욕을 꺾는 결과를 낳지 않을까? 자유롭고 평등하게 살기 위한 이상적인 방법이 있는 걸까? 다시 한 번 나와 함께 자유와 평등의 의미에 대해 생각해 보자꾸나.

자유의 의미

도대체 자유라는 개념은 어디에서 온 걸까? 이런 추상적인 개념은 거의 고대 그리스에서 생겨났어. 철학의 아버지 소크라

테스(Sokrates)가 처음 말했다고 하지.

고대 그리스에서 자유란 노예가 아니라는 뜻이었어. 고대 그리스의 도시국가 폴리스에서는 자유인과 노예가 있고, 자유인이 노예를 사용하는 생활을 했지. 그러니 노예가 아니라는 말은 누구에게도 지배받지 않는다는 뜻이고, 그것이 바로 자유였단다.

중세시대가 되자 세상은 봉건제에 의해 지배하는 집단과 지배받는 집단으로 나뉘었어. 그러니 이때에도 지배받지 않는 상태를 자유라고 했단다. 간섭받지 않는 것이 바로 자유의 원래 의미라고 할 수 있겠지.

근대로 접어들어 국가가 생겨나면서 국가 권력이 간섭의 주체가 되었어. 그리고 필연적으로 자유는 그 국가 권력의 간섭에서 벗어난 상태를 의미하게 되었지. 국가 권력으로부터의 자유를 주장하는 사상을 고전적 자유주의라고 한단다. 17세기 영국의 사상가 존 로크(John Locke)는 사람이 태어나면서부터 당연히 가지고 있는 권리가 있다고 했어. 그리고 생명, 자유, 재산과 같은 자연권에서 유래한 그 권리들을 자의적(恣意的)으로 휘두르는 권력으로부터 지켜야 한다고 주장했어. 그게 고전적 자유주의의 시작이야.

이를 좀 더 알기 쉽게 표현한 사람이 19세기 영국의 철학자 존 스튜어트 밀(John Stuart Mill)이란다. 밀은《자유론》에서 다른 사람에게 위해를 가하지 않는 범위 내의 자유를 보장해야 한다는 '타자 위해 원리(자유원리)'를 통해 고전적 자유주의를 주장했어.

하지만 국가 권력을 완전히 부정할 수는 없었단다. 왜 그랬을까? 아무리 자유가 중요하다고 해도 국가 권력이 없다면 국가는 엉망진창이 되기 때문이야. 인간이 다들 신처럼 선하고, 무슨 일이 있어도 노여워하지 않으며, 늘 타자의 이익을 우선한다고 하면 이야기가 달라질지도 모르지. 그러나 안타깝게도 현실은 그렇지 않아. 아무리 선한 사람이라도 자기 가족의 목숨을 지키기 위해서라면 규칙을 어길 수 있어. 그럴 때 중립적인 입장에서 공동체의 질서를 유지하는 국가 권력이 없다면 인간은 서로 헐뜯고 싸우게 될 거야.

영국의 사상가 토머스 홉스(Thomas Hobbes)는 이런 상태를 '만인에 의한 만인의 투쟁'이라고 표현했다. 그게 인간에게는 자연스러운 상태라고 말이야. 그 증거로 실제 지진 등이 일어나 물건이 부족해지고 통치 기능이 잠시 마비되면 폭동이 일어나기도 하지. 때문에 사상가들은 국가 권력에 의한 지배와 개인의 자유 사이의 관계를 모순 없이 설명하기 위해 고심했어. 그렇게 나온 해결책 중 하나가 '사회계약설'이라고 불리는 사상이야.

사회계약설은 간단히 말하자면, 자유로운 개인이 계약에 의해 스스로의 의사로 사회를 만들고 국가 권력에 따른다는 이론이야. 홉스도 이 이론을 지지했어. 시민이 스스로 권리를 왕에게 양도하고 계약에 의해 국가에 복종한다고 했지. 이러면 마치 국가에 자유를 빼앗긴 것처럼 들릴지 모르겠지만 그렇지 않아. 예를 들어 프랑스 사상가 장 자크 루소(Jean Jacques Rousseau)가 쓴 《사회계약론》에 의하면, 자신이 정한 규칙을 따르는 이상 인간은 자유로운 존재거든. 분명 말이 되기는 하지. 이 책이 왜 자유를 위해 일어난 프랑스혁명의 바이블이 되었는지 이해가 될 거야.

헤겔(Georg Wilhelm Friedrich Hegel)은 좀 더 적극적인 자유와 국가의 관계를 확립하고자 했단다. "국가는 구체적인 자유의 현실성"이라고 주장하며 국가가 자유를 표현한다는 독특한 생각을 해 냈지. 그런 일이 진짜 가능하다면 모순은 훌륭하게 해결될 거야. 하지만 까딱 잘못했다간 국가주의를 긍정하는 게 되지. 개인의 자유가 국가에 달린 셈이 되기 때문이야. 헤겔의 사상은 지금까지도 평가가 갈린단다.

어쨌든 이렇게 근대 유럽에서 계속해서 자유국가가 형성되었어. 그런 분위기가 최고조에 이른 것이 19세기 후반 영국에서 시작된 '산업혁명'이야. 사람이 자유롭게 일하고 자유롭게 돈을 벌 수 있게 되었지. 하지만 산업혁명에는 부정적인 면도 있었어. 사람들 사이에 빈부의 차가 크게 벌어진다는 문제가 생긴 거지.

나중에 이야기하겠지만 이 문제를 해결하기 위해 사회주의 사상이 등장한단다. 하지만 자유주의 사상 중에서도 이 문제를 해결하고자 하는 생각들이 나왔어. 신자유주의라는 개념이야.

영국의 이상주의를 대표하는 철학자 토머스 힐 그린(Thomas Hill Green)이나 레너드 호브하우스(Leonard Hobhouse), 경제학자인 존 앳킨슨 홉슨(John Atkinson Hobson) 등의 사상가들이 주축이 되어 오히려 국가가 개인의 자유 실현을 위해 적극적으로 개입해야 한다는 주장을 펼치기 시작했어. 말하자면 고전적 자유주의가 '국가로부터의 자유'를 의미하는 소극적 자유라면, 그에 대해 '국가로의 자유'를 의미하는 적극적인 자유를 주장한 거야. 요즘 말하는 복지국가를 뜻해. 20세기 유럽에서는 이런 복지국가 사상이 확대되었어. 이에 따라 미국에서도 존 롤스(John Rawls)의 명저 《정의론》으로 대표되는 자유 추구 사상에 사회복지나 공정함이라는 시점이 더해져서 복지주의적 자유주의가 되었어.

1970년대 후반이 되면 선진 자본주의 국가는 재정 위기에 빠지고 복지국가적인 발상은 비판을 받게 되지. 그 주장을 제기한 쪽은 오스트리아에서 태어난 경제학자 프리드리히 하이에크(Friedrich Hayek)를 중심으로 한 신자유주의야. 참고로 이 신자유주의는 앞에서 말한 영국의 복지주의적 자유주의와는 달라.

예를 들어, 하이에크는 국가의 개입을 비판하고 시장의 역할을 최대한 중시하자고 한 걸로 유명해. 또 미국의 철학자 로버트 노직(Robert Nozick)은 소득의 재분배는 자기 소유권을 침해하는 것이라고까지 주장하면서 방위, 치안 유지, 사법 이 세 가지 기능만 인정하는 최소국가론을 주장했어.

미국의 경제학자 데이비드 프리드먼(David Friedman)은 "사람은 자신이 원하는 대로 살아야 한다"라고, 생활에서 완전한 개인주의를 실현하는 것이야말로 신자유주의 사상의 근간이라고 주장했지. 그러기 위해서는 개인의 재산권과 자신의 신체 소유권은 절대적이라고 생각하고 정부의 간섭을 가능한 한 배제해야만 했어.

자유를 바라며 건국된 미국은 자유주의를 표방하는 사람들이 많고 실제로 세금 걷는 것을 맹렬하게 반대하지. 그런 사람들은 민주당이 아니라 공화당을 지지하는 경향이 있어. 국가의 절반 정도가 공화당을 지지하므로 미국은 역시 자유의 나라, 개인주의의 나라라고 할 수 있을 것 같아.

공화당 지지자들은 총기 소지 금지법이나 의료보험 제도를 반대하기도 한단다. 총기 소지 금지나 의료보험 제도가 당연하다고 생각하는 우리로서는 이해하기 어려울 수도 있겠구나. 하지만 개인의 신체나 재산이 절대적이고 가장 중요하다고 한다면, 스스로 그것을 지키는 권리로 총기 소지를 인정해야겠지. 의료보험도 그렇다. 강제적으로 보험료를 내야 한다면 개인의 재산권을 침해한다는 시점에서 반대하는 거지. 자유를 지키기 위해 이런 주장이 나온 거라고 할 수 있어.

이와 반대로 유럽에서는 미국과 비교해서 뒤에 이야기할 사회민주주의, 즉 자유에 제동을 걸기 위한 사상이 영향력을 발휘했지. 나라에 따라 배경은 다르지만, 아마도 역사를 통해 도를 넘은 자유의 문제점에 대해 제대로 반성했기 때문일 거야. 자유를 추구하며 모인 사람들이 만든, 역사가 짧은 나라 미국이 자유나라의 전형으로 보이는 것은 그 때문일지도 몰라. 그렇다면 미국에도 곧 변화가 있을지 모르겠구나. 적어도 나는 그러길 바라고 있단다.

평등의 의미

그렇다면 '평등'이라는 개념은 어디서 나온 걸까? 자유에 대해 설명할 때 소개했듯이 고대 그리스에는 노예가 있었으니 평등이라는 발상도 없었다고 봐야겠지. 그 후 알렉산더 대왕의 원정에 의해 고대 그리스의 도시국가가 무너지고 헬레니즘 시대가 되었어. 그렇게 좀 더 보편적인 사회가 탄생하고 나서야 평등이라는 개념이 나왔단다.

헬레니즘 시대의 스토아학파가 평등을 외쳤지. 예를 들어 세네카(Lucius Annaeus Seneca)라는 사상가는 자연을 나누어 누리는 사람들이 더 행복하고 자연법 앞에서는 모두가 평등하다고 설명했어. 즉 물건이든 사람의 권리든 세상에 존재하는 것은 뭐든 평등하게 나눔으로써 행복해진다는 거야. 그 후 중세시대에는 모든 사람이 신 앞에 평등하다고 여겼고, 근대로 들어서며 차츰차츰 인간의 평등이 주장되기 시작했지.

처음으로 명확하게 주장된 것은 1776년이야. 미국의 버지니아 권리장전은 "모든 인간은 날 때부터 평등하고 자유로우며 자주적이다"라고 선언했어. 이 사상은 그대로 프랑스혁명으로 이어져 '자유, 평등, 박애'라는 슬로건을 낳았지. 평등은 자유와 함께 국가가 실현해야 하는 이상이 되었단다.

그 국가의 이상 중에도 평등 부분을 중시한 정치사상이 사회주의였어. 단어 정도는 들어 봤겠지?

일단 사회주의라는 사상에 대해 이야기해 보자. 일반적으로 사회주의는 노동자 계급이 권력을 쥐고 생산 수단을 사회화하여 계획 경제 아래에서 국가를 운영해야 한다는 사상이야. 사회주의라고 하면 독일의 경제학자이자 사상가인 마르크스의 이름을 떠오를 거야. 하지만 사회주의라는 발상 자체는 마르크스가 고안한 게 아니란다. 19세기 초, 산업혁명에 의해 빈부 격차가 벌어지자 이를 두려워한 사람들에 의해 다양한 형태로 나타났어.

예를 들어 프랑스의 사상가 앙리 드 생시몽(Henri de Saint-Simon)이나 프랑수아 마리 샤를 푸리에(François Marie Charles Fourier), 영국 사상가 로버트 오웬(Robert Owen)이 주창한 평등한 사회의 구조가 그거야. 생시몽은 다양한 사회제도의 목적은 가장 가난한 계층의 처우 개선이어야 한다는 점, 출세로 얻은 특권은 예외 없이 폐지되어야 한다는 점, 노동에 상응하는 보수를 받아야 한다는 점 등을 주장했어.

푸리에는 '팔랑주(phalange)'라는 농업을 중심으로 한 생산과 소비 공동체를 고안했지. 그곳에서는 집단적인 생산 활동이 있었지만 사유재산 제도 자체는 반드시 부정되지 않았어. 먼저 살아가는 데 필요한 최소한의 부를 분배하고, 그다음 여분의 생산량을 노동량, 출자액, 능력에 따라 분배했지.

오웬 또한 이상 공동체를 구상했어. 그 공동체를 '조화와 협동의 마을'이라고 하는데, 하나의 마을을 하나의 가족으로 보는 거야. 전원이 일을 하는 데 있어서 차별받는 일 없이 공동으로 생산하고 소비하는 공산사회(共産社會). 그의 이상은 자신의 행복과 타자의 행복이 일치하는 사회를 실현하는 거였어.

이러한 초기의 사회주의 구상에 대해 마르크스는 과학적인 이론이 빠져 있다고 비판하며 공상적 사회주의라는 딱지를 붙였단다. 그리고 친구인 프리드리히 엥겔스(Friedrich Engels)와 함께 과학적 사회주의, 즉 마르크스주의를 제창한 거야.

마르크스는 사유재산 제도 안에서 노동자가 상품화되어 빈곤이 생겨나고 자본에 종속되며 결국 정신이 황폐해지는 일련의 과정을 분석하면서 '인간소외'라는 구조를 파혜쳤어. 즉 노동이야말로 인간에게는 본질적인 것이며 능력을 발휘할 기회임에도 불구하고, 사유재산 제도 안에서는 노동자가 우선 노동 생산물로부터 소외되고, 결국에는 인간 그 자체로부터 소외되기에 이른다고 했단다. 그리고 공산주의는 그 소외 상태를 지양하는 운동이라고 정의했지.

모순으로 가득 찬 자본주의는 결국 혁명에 의해 파괴되고 생산력에 상응하는 사회로 옮겨 가야만 하지. 그것이야말로 능력에 맞춰 일하고 일한 만큼 나누어 받는, 다시 말해 능력에 따라 일하고 필요에 의해 분배받는 사회주의인 거야.

그런 사회주의의 이상을 추구하자면 부의 평등한 분배뿐 아니라 의료비나 교육비도 무료가 되어야겠지. 이건 누구에게나 좋은 제도란 생각이 들지? 그만큼 세금이 높아지는 것은 싫을지 모르겠구나. 하지만 의료비 때문에 고통 받는 미국이나 아이들 교육비 때문에 힘들어하는 한국 사회를 보면 충분히 생각해 볼 만한 문제가 아닌가 싶구나. 게다가 인간은 누구나 아프기 마련이고 아이들에게는 부모의 수입과 상관없이 평등한 교육을 받을 권리가 있으니까 말이야.

그렇게 생각하자면 사회주의는 매우 좋은 제도처럼 보인단다. 적어도 평등을 원하는 사회주의 국가에 살고 있는 사람들은 영원히 그 구조를 이어 나가고 싶겠지. 진짜 그렇다면 말이다.

하지만 실제로는 20세기 말 소련이 무너지고 동유럽에 혁명이 일어나면서 사회주의는 붕괴됐다고 할 수 있어. 물론 북한이나 쿠바, 베트남, 중국은 아직 형식적으로 사회주의라고 할지 모르지만 독재 국가가 되어 버렸지. 중국처럼 시장경제를 도입하여 빈부 격차가 발생하는 등 모순도 생겼고 말이야.

어째서 이렇게 된 걸까? 간단하게 말하자면 사람은 평등의 원래 의미인 '기회의 평등'과는 달리, 사회주의가 만들어 낸 '결과의 평등' 앞에 의욕을 잃고 만 것이 아닐까 싶구나. 인간이란 복잡한 생명체야. 모든 게 주어지고 완전히 관리되면 지루함을 느끼지. 의욕이 없는 사람들은 농땡이를 피우기 마련이니 감시의 눈은 더 엄격해지겠지. 의욕을 잃을 뿐 아니라 가끔은 심심해지거나 외로워지기도 해.

다른 문제도 있어. 평등한 분배를 유지하기 위해서는 일이 계획대로 진행되어야 하지만 그건 그렇게 쉽지 않아. 결국 뜻대로 되지 않으면 그 사실을 숨기려 하거나 자기 배만 불리려는 관료들의 부패도 생기는 거야. 그런 악순환이 사회주의를 단지 이상으로 그치게 만드는 거란다.

인간은 평등하길 원하지만 가난은 싫어해. 평등해야 한다는 그 공동의 감정이 아이러니하게도 인간을 자기 자신만은 다른 사람보다 부자가 되고 싶다는 유혹으로부터 자유로울 수 없게 만들지. 인간에게 그런 욕망이 있는 한 사회주의 국가의 부활은 어려울 거야.

그래서 지금 평등을 지향하면서 비교적 잘해 나가는 북유럽 나라들은 절대 사회주의 국가가 아니란다. 뭐냐 하면, 사회주의와의 대립 속에서 자본주의를 복지의 시점에서 수정하는 형태로 대두한 사회민주주의 국가라고 할 수 있겠지.

사회민주주의는 마르크스주의를 비판적으로 극복하기 위해 19세기 말 독일에서 만들어져 유럽으로 발전해 갔단다. 사회민주주의는 공산주의처럼 혁명에 의해 얻어진 게 아니라 서서히 사회를 개량하면서 실현된 거야. 유럽에서는 안정적인 지지를 받아 가끔 사회민주주의 정권이 탄생했어. 그렇다면 사회민주주의야말로 자유로운 나라와 평등한 나라의 좋은 점만을 모아서 만든 이상적인 나라인 걸까? 난 그렇게 간단한 문제라고 보지 않는데, 너희들 생각은 어떠니?

꿈의 나라로

사회주의는 자본주의의 자유경쟁을 인정하면서 적극적인 복지 정책에 의한 부의 재분배를 이루고 자본주의의 모순을 보완하기 위한 사상이야. 이는 얼핏 자유와 평등 사이에서 균형을 잡은 것 같지만 양쪽 모두 완전하지 못한, 이도 저도 아닌 아이디어라고 할 수 있어. 그러니 실제로는 자유를 중시하는 사람들 쪽에서 불만이 나오는 거지. 세금을 낭비한다고 말이야.

아마도 자유를 전제로 하면서도 평등으로 자유를 제한한다는 발상은 옳지만 그 제한 방법에 문제가 있기 때문일 거야. 이를 해결하기 위한 힌트를 나는 소설 속에서 말하고자 했단다. 불공평에 대한 불만은 타인보다 잘나고 싶다는 생각에서 나온 것이기도 하지. 즉 평등을 원하는 감정이라는 것은 본래 불공평을 해소하고 싶다는 생각이라기보다 남을 돕고 싶다는 생각에서 출발해야 할 거야.

프랑스의 사회학자 마르셀 모스(Marcel Mauss)는 《증여론》에서 '준다'는 것의 의미를 설명했단다. 그것은 불공평을 해소한다는 타산적인 것이 아니라 어디까지나 자신의 기분에 충실한 행위라고 말이지. 단, 모스가 말하는 증여에는 답례의 의무가 있단다. 분명 받으면 돌려주는 것이 예의인 거지. 하지만 그렇게 되면 진정한 의미에서의 도움이라고 할 수 없을 거야.

우리는 종종 "힘든 건 다 마찬가지지", "어려울 땐 돕고 사는 거지"라는 말을 하는데, 그렇다고 다음에 꼭 도움을 받겠다고 생각하는 건 아니야. 그렇게 말함으로써 상대의 심리적 부담을

줄여 주는 것뿐이지. 적어도 나는 그런 생각으로 누군가에게 손을 내밀고 있단다.

책에서는 이런 생각을 '십시일반(十匙一飯)'이라는 단어로 표현해 봤단다. 지금 한국은 자유로운 나라지만 사실 옛날에는 그렇지 않았어. 자유라는 말 자체는 예전부터 있었지만 '마음대로', '생각하는 대로'라는 의미로 썼을 뿐이고, 고전적 자유주의처럼 권력의 간섭을 받지 않는다는 의미의 자유는 적어도 19세기까지는 몰랐을 거라고 해도 틀리지 않을 거야. 프리덤(freedom)이나 리버티(liberty)라는 단어가 한국에 소개된 것도 그 무렵이지. 그리고 시간이 흘러 민주화 운동과 경제적인 자유가 얽혀 지금처럼 자유로운 나라가 되었다고 할 수 있어.

반면 한국에 평등하게 나누는 전통이 있는 것도 사실이야. 품앗이나 두레, 향약 같은 것을 보면 말이야. 물론 왕을 정점으로 한 신분제도 사회였고, 조선시대에는 사농공상으로 계급을 나누는 불평등이 있었던 것도 사실이지. 하지만 개개의 인간이 서로 돕는다는 발상은 시대를 초월한 보편적인 도덕으로 공유하고 있었지. 어려울 땐 돕고 살자는 말과 함께.

하지만 그렇다고 해서 지금의 한국이 이상적인 나라라고 할 수는 없어. 너희들 생각은 어떠니? 겉치레로라도 살기 좋은 나라라고 하기 힘들지? 부자가 아닌 이상 말이야. 최근에는 한국도 자유와 평등의 균형이 무너진 것 같아. 금융자본주의의 특징이라고 할까. 미국의 나쁜 점을 쉽게 좋은 걸지도 모르겠구나. 덧붙여 말하자면 지금 한국에서 문제가 되고 있는 건 경제적 불평등만이 아니야. 2014년 세계경제포럼이 발표한 한국의 남녀평등 순위는 세계 117위였어. 벨과 쿠가 이 사실을 알았다면 분명 화를 냈을 거야.

결국 벨과 쿠가 깨달은 것처럼 누구나 살기 좋은 나라는 자유와 평등의 균형이 잘 잡힌 나라라고 생각해. 어떤 균형이 좋은지에 대해서는 나라에 따라, 그리고 사람에 따라 다를 테니 그 부분은 서로 잘 의논해야겠지.

그래, 의논하는 것이 중요하단다. 너희가 사는 세상에는 아직 의논할 수 있는 자리가 있을까? 내가 사는 세상에서는 그런 자리가 매일같이 엄청난 기세로 줄어들고 있어. 사람들은 인터넷상에서 귀찮다 싶은 건 꺼리지. 의논은 귀찮은 일이야. 다들 무척 싫어하는 것 같더구나. 더구나 함께 모여 의논한다는 건 더욱더 그렇겠지.

하지만 인간은 지금껏 서로 의논해 가면서 더 좋은 나라를 만들고자 노력해 왔어. 굉장히 훌륭하다고 생각한단다. 한 사람 한 사람의 의견에 모두가 귀를 기울이고 의견을 모아 결국 합의점에 도달하는 거지. 균형을 잡는다는 건 이런 과정을 거치는 게 아닐까?

난 이것이야말로 민주주의의 합의라고 생각한단다. 물론 마지막에는 다수결에 의해 많은 수가 지지한 의견을 따르게 되겠지. 하지만 그게 민주주의의 본질적인 부분은 아니야. 민주주의에서 중요한 점은 어디까지나 서로 의견을 나누는 거야.

지금 너희가 사는 세상이 자유와 평등이 균형 잡힌 행복한 세상이길 바라지만, 그렇지 않다고 해도 절대 포기하지 않기를 바란다. 벨이나 쿠뿐만 아니라 너희에게도 세상을 바꿀 힘이 있으니 말이야. 물론 한 사람으로는 무리일지 몰라. 하지만 조금씩 주변을 변화시키는 것은 누구에게나 가능해. 남에게 맡기기만 할 게 아니라 자신의 행복을 스스로 잡는다는 마음으로 똑바로 살아갔으면 좋겠구나.

그러고 보니 현대 사상가 한나 아렌트(Hannah Arendt)가 혁명에 대해 재미있는 말을 했어. 미국의 혁명은 좋은 혁명이고 프랑스의 혁명은 좋지 않은 혁명이라고. 왜냐하면 전자는 아무것도 없는 곳에서 권력을 만들어 내는 혁명이었던 데 비해 후자는 낡은 권력을 파괴하는 혁명이었기 때문이야.

난 이 생각에 동의한단다. 파괴를 목적으로 한 혁명에서는 남들과 다른 의견을 말하는 사람은 하나둘 처치되기 쉬워. 반대자가 있으면 안 되니까 말이야. 반대로 창조를 목적으로 한 혁명에서는 새로운 말을 하는 사람, 새로운 것을 하는 사람이 존중받기 쉽지. 새로운 가치를 만들어 가야 하기 때문이야. 부디 너희가 좋은 혁명을 이루어 내기를 바란다.

그리고 하나만 더 부탁하고 싶구나. 이 이야기를 계속 생각하고 누군가에게 들려주면 좋겠다. 너희의 아이에게, 그리고 그 아이의 아이에게도.

에필로그의 제목을 '영원한 이야기'라고 했듯이, 어떤 이야기든 계속해서 회자되는 것이 중요해. 이 소설 자체도 그렇게 되었으면 좋겠고 우리 자신의 이야기, 그러니까 우리가 살고 있는 이 인생도 그렇게 되었으면 좋겠어.

그렇게 계속되는 이야기 속에서 시간이 흐르면 사람은 중요한 것을 잊고, 과거의 고통을 잊고, 또 같은 실수를 반복할지도 몰라. 그래서 "역사는 반복된다"고들 하지. 그렇게 전쟁으로 고통 받고 반성했음에도 또 전쟁을 일으키려는 사람들의 어리석음을 보면 이게 무슨 말인지 이해가 될 거야.

그렇기 때문에 이야기는 계속 전달되어야 한다고 생각해. 그리고 그것을 계기로 그 시대를 살아가는 사람들이 열심히 생각해야 할 필요가 있어. 내가 '철학 카페'를 시작으로 시민들과 함께 철학적인 대화를 계속해 가는 건 그런 이유에서란다. 이 책이 꿈의 나라를 영원히 잃어버리지 않도록 서로 대화를 해 가는 계기가 되었으면 좋겠구나.

비웃지 않는다면 좋겠는데, 나는 언젠가 진정한 의미에서 지구가 하나가 되기를 바라고 있어. 내가 생각하는 꿈의 나라는 하나가 된 지구 그 자체야. 너희가 사는 세상에 그런 날이 왔으면 좋겠구나.

마지막으로 너희들의 행복을 진심으로 바란다.

《자유나라 평등나라》를
더 재미있게 읽고 싶은 사람들을 위한 힌트

● 이름의 유래

벨이라는 이름은 자유를 의미하는 라틴어 리베르타스(libértas)에서, 쿠라는 이름은 평등을 의미하는 라틴어 아이퀴타스(ǽquǐtas)에서 따왔다. 또 한 명의(한 마리의?) 주인공이라 할 수 있는 고양이 로스의 이름은 고대 그리스어로 고양이를 뜻하는 아일루로스(ailuros)와 길을 잃다를 뜻이 있는 영어 로스트(lost)에서 나온 이름이다. 이 소설에서 고양이는 마치 신의 사자(使者)와 같은 역할을 하는데, 이는 고대 이집트에서 고양이가 신의 화신(化身)으로 여겨진 데서 떠올린 생각이다.

● 자유의 탑 높이

자유의 탑은 자유나라에서도 유명한 곳으로 미국의 자유의 여신상을 의식한 것이다. 소설 속 자유의 탑 높이 93미터는 자유의 여신상과 같다.

● 공공시설

극중 자유나라에는 공영 극장이 필요 없다고 했다. 하지만 부유한 사람들이 극장을 만들고 시설을 이용하기 위해 거금을 내야 한다면 부자들만 연극을 볼 수 있다. 실제로 극단적으로 개인의 자유를 중시하는 자유지상주의⟨libertarianism⟩ 사상은 이런 생각을 기반으로 한다.

● 최소국가론

렌은 본문에서 자유나라 정부가 하는 최소한의 서비스를 방위, 치안 유지, 사법, 이렇게 세 가지라고 설명했다. 이는 자유지상주의 이론가 로버트 노직이 말한 최소국가론에 따른 것이다.

● 안락사 약

죽을 자유라는, 개인의 궁극적인 자유에 대한 시시비비를 제시해 보았다. 물론 우리 사회에도 안락사나 존엄사라는 개념이 있다. 네덜란드 등 안락사를 법률로 인정하는 나라도 있지만 매우 엄격한 조건 아래에서만 그렇다.

죽어 가는 제이 할아버지의 친구가 "죽음에서 벗어나게 해 달라고 기도하지 않을 때 죽는 것은 행복이다"라고 한 것은 고대 로마의 극작가인 푸블릴리우스 시루스⟨Publilius Syrus⟩의 말이다. 여기에서는 죽음의 공포에 떨거나 혹은 괴로워하며 죽는 것보다 안락사라는 제도를 통해 스스로 죽음을 선택하는 쪽이 행복하다는 의미로 사용했다.

● 의료보험

자유나라의 병원 밖에는 치료를 받을 수 없는 사람들이 있고 그것은 어쩔 수 없는 일이라는 이야기가 나온다. 이는 미국의 의료 사정을 비꼰 것이다. 공적 의료보험을 실시하고 있는 우리나라에서는 당연한 제도가 미국에서는 그렇지 않다. 가난한 사람은 병원에도 갈 수 없다. 그것이 자유를 선택한 결과란 말인가? 2010년에는 미국에서도 의료보험 개혁법, 통칭 오바마 케어⟨Obama care⟩가 성립되어 무보험자를 줄이기 위한 정책이 시작되었다. 하지만 이 법

률은 공적 의료보험의 실현과는 거리가 멀다. 어디까지나 민간 보험 가입을 의무화하는 것에 지나지 않는다. 따라서 '자신과 가족의 건강을 지키는 것 또한 개인의 책임'이라는 사고방식이 강한 미국에서는 지금 많은 사람들이 이 개혁에 반대하고 있다.

● 생식보조의료(生殖補助醫療)

자유나라에서는 결혼제도가 자유를 빼앗는다고 생각한다. "그럼 어떻게 아이를 낳느냐"는 쿠의 물음에 제이 할아버지는 정자나 난자를 제공받는 생식보조의료 이야기를 해 준다. 게다가 상업적 정자 은행, 난자 은행, 상업적 대리모 등을 소개한다. 이는 미국에서는 이미 현실화된 것으로 정치철학이나 생명윤리 분야에서는 중요한 논쟁 테마다.

● 망월(望月)

보름달이 되기 직전의 상태, 음력 14일 밤의 달을 가리킨다. 이 이야기에서 달은 꿈의 나라와 관계가 있다. 꿈에 다다르는 '희망'이라는 의미를 망월에 부여해 보았다.

● 독수리 남자

평등나라에서 본 〈불쌍한 독수리 남자〉라는 연극에서는 투자 이야기에 속아 넘어간 욕심 많은 주인공을 비웃는 이야기가 전개된다. 독수리 남자는 미국의 상징인 '흰머리수리(American Bald Eagle)'에서 따왔고, 이 이야기에서 2008년 리먼 쇼크(비우량 주택 담보대출로 인해 미국의 유명한 투자은행 리먼 브러더스 홀딩스의 파산으로 인한 세계적인 금융 위기를 말한다.-옮긴이)를 우회적으로 그려 보았다. 여기에서는 독수리 남자가 자유나라의 상징이고, 이솝 우화《개미와 베짱이》에 나오는 개미처럼 매일매일 열심히 일하는 대장장이가 평등나라의 상징이다. 대장장이 아이디어는 공산주의의 상징인 '낫과 망치'에서 따왔다. 망치는 노동자를 의미한다. 사회주의 국가에서는 이런 연극이나 영화가 국민 교화를 위한 프로파간다(propaganda)로 사용된다.

● 지옥에 떨어질 권리

자유나라에서 어느 여성이 "사람에게는 지옥에 떨어질 권리가 있다"고 딱 잘라 말한다. 이는 자유지상주의자 밀턴 프리드먼(Milton Friedman)의 표현이다. 자신의 신체와 인생은 자신의 것이라는 사실을 파고들면 그렇게 된다. 벨과 토론을 했던 남자는 세금 징수를 도둑질로 봤는데 이 또한 자유지상주의자의 관점이다.

● 힙합

젊은이들의 정치적 무관심은 사회가 변하지 않는 원인 중 하나다. 본문에 사람들의 주의를 끌기 위해 렌이 힙합 음악을 이용하는 장면이 나오는데, 이는 미국의 큰 도시에서 실제로 있었던 사례다. 영국의 정치학자 게리 스토커(Gerry Stoker)가 쓴 《왜 정치학이 중요한가(Why politics matters : making democracy work)》에 따르면 2001년 설립된 힙합 서미트 행동 네트워크(Hip-Hop Summit Action Network)는 큰 집회에서 힙합으로 젊은이들의 요구를 드러내어, 젊은 층의 관심을 끄는 데 성공했다고 한다. 이 책을 쓰고 있을 때 즈음 'Shing02'라는 세계적으로 활동 중인 힙합 아티스트와 토크쇼를 할 기회가 생겼다. 그는 원전에 반대하는 것으로도 유명하다. 그의 활동과 노래에 자극받아 소설 속에 힙합 풍의 가사를 넣어 보았다.

● "사냥이든 낚시든 해야 하니까 하는 것이 아니라, 하고 싶은 것을 할 수 있는" 사회를 만들자

쿠가 연설에서 한 이 말은 마르크스가 《독일 이데올로기(Die Deutsche Ideologie)》에서 그린 유토피아다.

● 쿠의 그림책

라틴어로 태양을 의미하는 솔(Sol)과 달을 의미하는 루나(Luna)는 원래 하나였는데 "누가 인간을 행복하게 할 수 있느냐"는 문제를 놓고 사이가 틀어졌다는 내용이다. 이는 자유와 평등 중 어느 것이 인간을 행복하게 하느냐는 책의 주제와 겹친다.

둘은 신에 의해 찢어지고 만다. 하지만 자유만 좇던 인간은 혼자가 되고 평등만 좇던 사람은 지루해진다는 것을 깨닫는다. 자유와 평등이 함께 지냄으로써 무사히 처음처럼 행복해진다는 결론이다.

이 이야기는 그 자체가 꿈의 나라를 만드는 방법을 보여 준다. 솔과 루나가 딱 겹쳐진다는 것은 전설의 노래와 같다. 그리고 마지막에 나오는 개기일식을 암시한다.

이 그림책의 모티프는 플라톤(Platon)의 《향연(Symposion)》에서 서로를 원하는 남녀의 시작이라고 일컬어지는 안드로규노스(androgynous) 일화다. 원래 하나였던 남녀가 신의 노여움을 사는 바람에 둘로 갈라지고, 그 후 둘은 서로를 원하게 된다. 이것이 남녀 사랑의 시작이라는 이야기다.

● 인간 마이크

인간 마이크는 2011년 미국에서 강욕자본주의에 반대하며 일어난 '월 가 점령'에서 사용되었다. 집회에서 마이크 사용이 금지되자 군중들이 지혜를 모아 생각해 냈고, 그 결과 데모는 성공적으로 치러졌다.

● 노래

혁명을 위해 모인 사람들이 생각을 하나로 모아 노래를 부른다. 내가 모델로 한 것은 학생 운동을 그린 명작 영화 〈이치고 백서(いちご白書)〉의 한 장면. 젊은이들이 존 레넌의 〈기브 피스 어 챈스(Give Peace a Chance)〉를 부르며 학교에 숨어든다. 혁명 영화라 이미지가 딱 맞아든다.

● 숙의

책 속에서 꿈의 나라를 만들기 위해 사람들이 한 것처럼 철저하게 의논하는 것을 '숙의(deliberation, 熟議)'라고 한다. 요즘은 그런 숙의를 바탕으로 한 숙의민주주의가 주목받고 있다. 서양에서는 국회만이 아니라 마을의 집회 등 다양한 측면에서 숙의가 이루어지고 있다. 우리나라에서도 숙의 문화가 만들어져야 한다고 주장하고 있지만 현실은 쉽게 변하지 않는다.

국민투표법이 제정되고 국민이 주권자로서 헌법 개정을 결정하는 시대인 만큼 판단을 내리기 전에 숙의하는 제도가 있어야 한다. 예를 들어 미국의 제임스 피시킨(James S. Fishkin)과 브루스 애커먼(Bruce Ackerman) 등이 주장하는 몇 가지 제도, 즉 적은 인원이 모여 토론함으로써 그 전후 생각 변화를 조사하는 토론형 여론조사를 실시한다든가, 투표 일주일 전은 숙의를 위한 휴일을 만들어 '숙의의 날'을 도입하는 등의 방법이 참고할 만하다.

● 증여

증여는 프랑스 사상가 마르셀 모스가 《증여론》에서 이야기했다. 물론 증여에도 답례의 의무 등이 있지만 단순한 증여도 있을 것이다. 이 책에서는 거기에 '십시일반'이라는 개념을 더했다. 이 개념은 보답을 반드시 바라는 것이 아니라 곤경에 처한 사람에게 무조건적으로 손을 내밀어 주는 공동체적 발상이다.

● 이상적인 공동체

이상적인 공동체의 목표는 프랑스혁명의 슬로건이 나타내듯이 '자유, 평등, 박애'라고 할 수 있다. 여기서 박애란 자유와 평등을 잘 엮는 개념으로, 곤경에 처했을 때 그 사람을 자발적으로 돕는다는 생각이다. 이것은 제도적, 획일적인 평등과는 달리 오히려 자유를 짊어지는 측면에서 부족한 부분을 채우는 것이다.

공동체 개념에는 예를 들어 아리스토텔레스가 '필리아(philia)'라고 부른 우애나, 스웨덴에서 서로 나눔을 의미하는 '옴소리(omsorg)'라는 단어 등 반드시 서로에게 손을 내민다는 발상이 내재되어 있다.

지은이의 말

여러분은 《자유나라 평등나라》를 어떻게 읽으셨나요? 저는 지금까지 많은 철학 입문서를 써 왔지만 소설 형식으로 표현한 것은 처음입니다. 이야기로 만들면 메시지를 좀 더 인상적으로 전달할 수 있겠다 싶었습니다. 특히 아이들에게는 효과적일 거라고 생각했지요.

이 책의 주제는 자유와 평등이라는 개념을 둘러싸고 꿈의 나라가 어떤 모습이어야 하는지에 대해 생각해 보자는 것입니다. 추상적이지요. 그래서 아이들이 구체적인 이미지를 떠올릴 수 있도록 여러 가지 힌트를 이야기 속에 넣어 두었습니다. 그게 성공했는지 아닌지는 여러분의 반응에 맡기겠습니다.

책 앞 부분에 보시면 미라이와 히나토에게 이 책을 헌정한다고 되어 있습니다. 미라이와 히나토는 제 아이들 이름입니다.

그러니까 이 책은 제 아이들을 생각하면서 열심히 쓴 작품이기도 합니다. 따라서 소설 부분은 초등학교 4학년 정도 되는 아이들도 이해할 수 있도록 쉬운 단어로 표현했습니다. 미래를 짊어질 모든 아이들이 읽기를 바라는 마음으로요.

이 책이 나오기까지 많은 분들의 도움을 받았습니다. 집필의 기회뿐 아니라 수많은 아이디어를 주신 로제타스톤의 대표 히로나카 유리코 씨께 이 자리를 빌려 감사의 마음을 전합니다. 멋진 그림을 그려 준 기미노 가요코 씨, 디자이너 미우라 교코 씨께도 감사드립니다. 제가 생각하고 그린 세계관을 상상 이상으로 멋지게 보여 주셨습니다. '미래가 있는 지금의 아이들을 위한 철학소설'이라는 콘셉트를 늘 의식하게 해 준 나의 두 아이에게도 고맙다는 말을 하고 싶습니다. 그 아이들이 이 영원한 이야기를 계속해서 해 주길 바랍니다.

마지막으로 이 책을 읽어 주신 여러분께 감사를 전합니다.

오가와 히토시

자유나라 평등나라
자유와 평등을 생각하기 위한 청소년 철학소설

초판 1쇄 발행 | 2015년 9월 14일
초판 6쇄 발행 | 2022년 10월 25일

지은이	오가와 히토시
옮긴이	서슬기
책임편집	나희영
디자인	주수현 정진혁

펴낸곳	(주)바다출판사
주소	서울시 종로구 자하문로 287
전화	322-3885(편집), 322-3575(마케팅)
팩스	322-3858
E-mail	badabooks@daum.net
홈페이지	www.badabooks.co.kr

ISBN 978-89-5561-775-7 (43100)